Helge Weinrebe
Eselsbrücken

Helge Weinrebe

Eselsbrücken

400 Merkhilfen und wie man
sich selbst welche baut

Anaconda

Lizenzausgabe mit freundlicher Genehmigung
© Verlag Herder GmbH, Freiburg im Breisgau ²1991

Die Deutsche Nationalbibliothek verzeichnet diese Publikation in der Deutschen Nationalbibliografie; detaillierte bibliografische Daten sind im Internet unter http://dnb.d-nb.de abrufbar.

© dieser Ausgabe 2014 Anaconda Verlag GmbH, Köln
Alle Rechte vorbehalten.
Umschlagmotiv und -gestaltung: Olaf Schumacher
Satz und Layout: Satzpunkt Ewert, Bayreuth
Printed in Czech Republic 2014
ISBN 978-3-7306-0148-8
www.anacondaverlag.de
info@anacondaverlag.de

Inhalt

Brückenschläge und k(l)eine Eseleien: Einleitung

Wo gelernt wird, wird auch vergessen. Das ist lästig. Denn wenn man etwas lernt, so muss man sich – zumindest geistig – anstrengen, sich Mühe geben. Und etwas zu vergessen heißt dann vergebliche Mühe. Davon sind die weitaus meisten Menschen nicht besonders angetan, das führt zu einem unerfreulichen Gefühlszustand oder wie man heutzutage zu sagen pflegt: Es demotiviert und frustriert den Menschen. Umgangssprachlich schlägt sich das etwa in folgender, vertrackter Logik nieder:

Wer wenig weiß, muss viel lernen.
Wer viel lernt, weiß viel.
Wer viel weiß, kann viel vergessen.
Wer viel vergisst, weiß wenig.
Wer wenig weiß, ...
Warum dann also überhaupt lernen?

Selten nur macht man sich bewusst, wie segensreich die Einrichtung des Vergessens ist. So seltsam das klingen mag: Wer sich alles merkt, jede Hausnummer, jeden dummen Spruch, jeden Ort, und wer das nicht abstellen kann, der wird verrückt. Das Gedächtnis siebt aus; einiges wird behalten, anderes fällt dem Vergessen anheim. »Wichtig« und »unwichtig« wird unterschieden, wenn auch nicht immer zur Zufriedenheit des Gedächtnis-Inhabers.

Was unternehmen nun Menschen, um sich etwas zu merken und zu behalten? Die bekannteste Lösung ist der berühmte Knoten im Taschentuch. Die einfachste Form ist der Merkzettel, verbreitet nicht nur bei der Vorbereitung von umfangreicheren Einkäufen.

Beispiel 1: Es wird von einem alten Kapitän erzählt, er sei in allen Dingen der Seefahrt äußerst beschlagen gewesen und habe auch die bedrohlichsten Situationen mit einer einzigartigen Kombination von kühlem Kopf und fachlichem Wissen gemeistert. Viele Seeleute mutmaßten, der alte Kapitän verfüge über ein Geheimwissen, das ihnen nicht zugänglich sei. Denn jeden Morgen betrat er als Erstes seine Kajüte, zog einen Schlüssel aus der Tasche, öffnete ein geschmücktes Kästchen, nahm ein vergilbtes Papier heraus und studierte es ausgiebig; dann verschloss er dieses Kästchen wieder und verwahrte den Schlüssel. Bei diesem morgendlichen Zeremoniell durfte niemand zugegen sein, und er reagierte sehr ungehalten, wenn man ihn dabei störte. Bis zu seinem Tod hatte niemand Gelegenheit erhalten, Einsicht in dieses geheimnisumwitterte Kästchen zu nehmen. Bei der Versteigerung seines Nachlasses erzielte dieses geheimnisvolle Kästchen einen stattlichen Preis. Der neue Besitzer öffnete das Kästchen, sobald er allein und ohne Zeugen war, und fand folgenden Text: »Links = rot = Backbord, rechts = grün = Steuerbord«.

Sicher ist das keine Geschichte, die das Leben geschrieben hat, doch zeigt sie unter anderem auf freundliche Art und Weise, dass auch Könner mit Tricks arbeiten.

Die Nachteile von solchen Merkzetteln sind bekannt: Man kann sie verlieren, vergessen oder verlegen, und dann geht es einem wie dem Mann, der mit der Brille auf der Stirn verzweifelt nach seiner Brille sucht. Deswegen sind die weitaus meisten Merkhilfen nicht auf Papier angewiesen, sondern werden im Kopf an- und abgelegt. Wichtig ist dabei, dass sie einleuchten.

Beispiel 2: In vielen katholischen Gegenden gibt es um die Zeit des 6. Januar herum den Brauch, dass Kinder als Sternsinger von Haus zu Haus ziehen, ein Lied singen und Geld für wohltätige Zwecke sammeln. Zum Abschluss schreiben sie mit Kreide auf den Türbalken die Buchstaben C, M und B in die Jahreszahl hinein, für 1990 also: 19 – C – M – B – 90. Wer über Lateinkenntnisse verfügt, der weiß unter Umständen auch, was das heißt, nämlich »Christus Mansionem Benedicat« (Christus segne das Haus). Und wer über Lateinkenntnisse verfügt, der wird sich das auch relativ leicht merken können; die kleinen Sternsinger können in aller Regel jedoch kein Latein und helfen sich deshalb mit dieser Merkhilfe: C – M – B sind die bekannten Namen der heiligen drei Könige Caspar, Melchior, Balthasar. In diesem Fall leuchtet das noch ein, weil es zu Dreikönig passt; auch wenn es nicht »stimmt«: Es macht einen Sinn und hilft beim Merken.

Beispiel 3 soll zeigen, wie verschlungen oft die Pfade von Merkhilfen sind. Sehr viele Leute in der Bundesrepublik verstehen – zumindest leidlich – Englisch, aber eben nicht alle. So kann es beispielsweise passieren, dass in einem Dorf ein Mechaniker und Tankstellenbesitzer ohne jegliche Englischkenntnisse die Vertretung einer japanischen Autofirma übernimmt. Und da sind die gesamten Armaturen für den englischen / amerikanischen Sprachraum angelegt. Das wirft Probleme auf, die allerdings lösbar sind, ohne dass der Mann gleich einen Englisch-Kurs belegen muss – es genügen selbstgebastelte Merkhilfen. Die Tankanzeige etwa bei einem solchen Auto schwankt normalerweise zwischen F und E, also »full« und »empty«. Bevor man sich da nun englische Vokabeln merkt, tut man sich leichter mit folgender Zuordnung: F klingt wie V, heißt also »voll«, und E heißt »Ende«, und schon ist alles klar.

Dazu einige grundsätzliche Bemerkungen: Es fällt auf, dass die Merkhilfe sowohl beim Kapitän als auch beim Mechaniker unnötig ausführlich (redundant) ist; denn es würde ja reichen, wenn jeweils einer der zwei Begriffe geklärt ist, die Bedeutung des anderen ergäbe sich sozusagen von selbst. Es scheint jedoch so zu sein, dass sich Menschen aus dem Gefühl einer gewissen Unsicherheit heraus Merkhilfen basteln und deswegen versuchen, auf Nummer Sicher zu gehen; bei vielen Merk- und Erinnerungshilfen ist festzustellen, dass sie unnötig ausführlich sind. Es scheint beinahe eine Art von Bauprinzip zu sein.

Es kann natürlich sein, dass der Könner oder Fachmann je nach Situation, Temperament und Stimmung über solche Merkhilfen lächelt, sich amüsiert, sie für Schwachsinn hält oder darüber spottet. Das ist insofern verständlich, als für ihn gar kein Problem nach einer Lösung verlangt, wenn er im Fall des zweiten und dritten Beispiels in Englisch und / oder Latein fit ist. Jeder gebraucht zwischendurch Merkhilfen, aber nicht jeder braucht die gleichen. Anders gesagt: Wer über die vorgestellten Merkhilfen spottet, kann durchaus unfähig sein, sich auch nur eine wichtige Telefonnummer zu merken, während das der Kapitän, die Sternsinger oder der Mechaniker unter Umständen ohne Mühe können. Man wird also vorsichtig sein mit der Bewertung solcher Merkhilfen; denn Eselsbrücken sind nicht unbedingt ein Zeichen von Dummheit.

Und bewertet wird immer wieder, man denke nur an den »nämlich-dämlich-Reim«; derjenige, der – vermeintlich oder sicher – etwas weiß, schaut offenbar gerne auf den Unwissenden herab und teilt ihm bei Gelegenheit seine Geringschätzung dann auch mit.

Beispiel 4: Schüler einer vierten Klasse hatten die Aufgabe erhalten, sich zu Hause in irgendeiner Form eine Merkhilfe für die wichtigsten Flüsse des Landkreises Biberach auszudenken. Offensichtlich hatte das zu Schwierigkeiten geführt, und die Eltern mussten ran, um diese Aufgabe zu lösen. Auf einem Zettel, den ein Mädchen mit in die Schule brachte, war in schönster Deutlichkeit die Abfolge der Ereignisse erkennbar: Hintereinander standen die Versuche des Mädchens und die Versuche der Mutter zu lesen. Das Kind hatte rhythmisch angesetzt:»Donau, Kanzach, Schussen, Riss / Rottum, Rot und Iller«. Diese Lösung hatte dem Kind nicht gefallen; die herzugerufene Mutter hatte etwas epischer und mit Interesse am Reim angefangen: »In unserm Biberacher Landkreis / da fließen sieben Flüsse durch. / Von Iller bis zur Kanzach ...« Es folgte auf dem Zettel ein zweiter Versuch der Mutter, der recht ähnlich ausfiel. Schließlich gelang die Endfassung, und die hatte bei aller »Ungereimtheit« den gehörigen »pädagogischen« Unterton, nach dem Motto »Wissen ist Macht« und »Unwissenheit ist nicht zu verzeihen«:

Im Biberacher Landkreis
sind als Flüsse uns bekannt
die Iller, Riss und Donau.
Doch es sind noch vier,
und die lernen wir:
Es ist die Rot, Rottum, Schussen und Kanzach.
Wer sich das nicht merken kann, ist schwach!«

Bloß gut, dass das Mädchen blitzgescheit und mit einem verlässlichen Gedächtnis gesegnet war, sodass sie sich Kleinigkeiten, wie die paar Flüsse, auch locker ohne jede weitere Hilfestellung merken konnte.

Erstaunlich ist es schon: Einerseits gibt es da die Enge eines »pädagogischen« Tons, und andererseits bewegt sich der menschliche Geist doch recht frei, wenn es ihm wichtig ist, etwas zu behalten. Reicht im ersten Beispiel noch ein Zettel, sind es im zweiten nur die

Anfangsbuchstaben, denen eine andere Bedeutung zugeordnet wird, so wird im dritten Fall bereits sehr locker – man könnte auch sagen »kreativ« – mit der Rechtschreibung umgegangen; und im letzten Beispiel werden die »klassischen« Mittel von Reim und Rhythmus genutzt. Dieses freie Spiel mit Sprache und Zusammenhängen ist eine Erscheinung, die sich beim Basteln von Merkhilfen wiederholt.

Beispiel 5: Die frühen Christen benutzen in Rom immer wieder das Zeichen des Fisches, um sich gegenseitig mitzuteilen, welchem Glauben sie anhingen. Dieses Zeichen war – auf griechisch – zugleich eine Merkhilfe für eine zentrale Glaubensaussage des Christentums. Denn die Buchstaben des griechischen Wortes für FISCH = ICHTHYS = ICQUS lassen folgende Zuordnungen zu:

I = IHΣOYΣ	= IESUS	= JESUS
X = XRIΣTOΣ	= CHRISTOS	= CHRISTUS
Θ = ΘEOY	= THEOU	= GOTTES (Gen.)
Y = YIOΣ	= HYOS	= SOHN
Σ = ΣOTEP	= SOTER	= RETTER, ERLÖSER

Auch das gilt für viele Gedächtnisleistungen und die ihnen zugrunde liegenden Merkhilfen: Wenn man den Trick nicht kennt, dann wirkt das alles ein wenig wie ein Geheimnis oder Wunder, man denke nur an Rechenkünstler.

Vermutlich ist es so, dass einem am ehesten einleuchtet, was man selber gemacht hat und dementsprechend durchschaut. Klar wird das, wenn man sich ein Beispiel anschaut, bei dem jemand mit einer Merkhilfe scheitert, unter anderem deswegen, weil er sie schlicht übernommen hat. In Österreich ist die folgende Anekdote aus dem Theaterleben immer wieder zu hören.

Beispiel 6: Ein junger Schauspieler sollte in einer kleinen Rolle lediglich die Ankunft des Grafen Dobiny ankündigen, hatte jedoch erhebliche Probleme, sich diesen Namen zu merken. Deswegen empfahl ihm der Regisseur, sich als Merkhilfe einfach »Do bin i!« (Da bin ich) zu merken. Das klappte bei den Proben vorzüglich, führte allerdings bei der Premiere zu einem – für die Zuschauer – vergnüglichen Auftritt besagten Schauspielers. Er kam auf die Bühne, nahm die vorgesehene Stellung und Körperhaltung ein, erklärte jedoch in seiner Aufregung: »Herr Graf, bin eh scho do!« (Bin sowieso schon da).

Noch einmal zurück zu den Telefonnummern: Nehmen wir an, man möchte sich 73640 einprägen. Da wird jeder seinen Weg finden, und aller Wahrscheinlichkeit nach nützt es nicht viel, wenn man jemanden von der eigenen Lösung dieses Problems überzeugen will. Die einen werden rhythmisch vorgehen und die Telefonnummer zerlegen etwa 7-3-6-4-0 oder 73-64-0 oder 7-36-40 oder 736-40 oder 73-640; die anderen werden sich die Zahlen als Bilder vorstellen können, und alles ist klar; und schließlich werden welche auf die Idee kommen, diese Nummer »logisch« zu erklären, etwa $7 + 3 = 10, 6 + 4 = 10$, und 0 ist die zweite Stelle von 10.

»Wissen ist Macht« – das weiß man. Und dann ist auch klar: »Vergessen ist Ohnmacht«. Kein Wunder also, dass es in der Menschheitsgeschichte nicht an Versuchen gemangelt hat, das Gedächtnis zu trainieren und zu optimieren. Denn wenn es um die »Macht« geht, dann wird es ernst. Und dann ist Geld zu verdienen, indem man Ratgeber anbietet, etwa »In 30 Tagen zum perfekten Gedächtnis« oder »Super-Lernen« oder »Nie wieder etwas vergessen« (alles – fast – erfundene Titel). Ersichtlich gehen hierbei recht grundsätzliche menschliche Motive eine eigentümliche Verbindung ein: das Streben nach Macht, der Hang zur Bequemlichkeit und die Hoffnung auf einen garantierten Erfolg. Das können wir nicht bieten: »König von Deutschland« werden, dabei Liegewagen fahren und das alles sicher in wenigen Tagen.

Ausgehend von der – durchaus nicht unsinnigen – Annahme, dass das Gedächtnis nicht trainierbar ist wie ein Muskel, dass man aber seine Grenzen und Bedingungen geschickt nutzen kann, indem man ihm beispielsweise leichter zu verarbeitendes Material zuführt, bieten wir an:

- einen Überblick über nützliche, brauchbare und nicht allgemein bekannte Techniken und Verfahrensweisen, die dazu dienen können, sich etwas leichter zu merken (Kapitel 3, S. 19 f),
- eine Sammlung von fast 400 mehr oder weniger verbreiteten Merkhilfen aus fast 20 Bereichen, die man als Anregungen nehmen und verändern kann (Kapitel 4, S. 48 f),
- Hinweise und Tipps zum Umgang mit solchen Merkhilfen (Kapitel 5, S. 138 f),
- ein Verzeichnis der benutzten und nützlichen Literatur (Kapitel 6,

S. 144 f) und – ein umfangreiches Stichwortverzeichnis zum gezielten Suchen und Finden (Kapitel 7, S. 147 f).

Wer diese Einleitung genau gelesen hat, der wird feststellen, dass das Wort »Eselsbrücke« nur einmal vorkommt, und dass das zweite Kapitel nicht angekündigt wird. Und das ist Absicht; denn die Bedeutung dieses Begriffs hat sich im Laufe der Zeit genau ins Gegenteil verkehrt. Das wollen wir im zweiten Kapitel darstellen. Überdies wird verständlich werden, was wir unter »Eselsbrücke« verstehen wollen.

Pons = Brücke und Asinus = Esel:
Zum Begriff »Eselsbrücke«

Man kann natürlich über die Bedeutung von »Eselsbrücke« reizvolle Spekulationen anstellen: Von einem Esel ist die Rede und von einer Brücke. Wie darf man sich jetzt den Esel vorstellen? Ist er das dumme Tier, wie man landläufig annimmt, oder ist er nicht vielmehr ein widerborstiges und gescheites Tier, das nicht auf jeden Befehl sogleich losmarschiert? Und die Brücke: Eine Verbindung zu neuen Ufern? Ein weniger mühseliger Weg (die Furt ist recht umständlich, schwimmen ist anstrengend und nicht immer möglich)? Ist sie eine provisorische Konstruktion, nur zum einmaligen Gebrauch bestimmt, oder ist sie Teil einer festgelegten, häufig genutzten Straßenführung? Es stellt sich auch die Frage, ob diese Brücke ein Esel gebaut hat (der Esel als pontifex maximus) oder ob sie für einen Esel gebaut worden ist. Benützt der Esel die Brücke überhaupt, und wenn ja, welcher, der dumme oder der gescheite?

Auch über »Die Erfindung der Eselsbrücke« kann man munter spekulieren; hier ein Beispiel aus einem Kinderbuch (Frenzel / Schütze: Unmögliche Tiere):

Früher waren manche Kinder dumm
und konnten sich Zahlen nicht merken.
Da erfanden sie Geschichten drum herum,
um ihr Gedächtnis zu stärken.
Zum Beispiel, dass 333
Alexander der Große bei Issus gesiegt.
Das lernten viele Kinder zwar fleißig,
haben's aber nicht in den Kopf gekriegt.
Endlich hat einer den Reim gemacht:
3, 3, 3 – bei Issus Keilerei!
Die Kinder haben sich gedacht:

So lernt selbst ein Esel lesen und schreiben,
man muss ihm nur solche Brücken bauen
und ihn dann auch hinübertreiben,
dann gehört er bald zu den Schlauen.

Und dieses Beispiel gibt durchaus das aktuelle Verständnis von »Eselsbrücke« wieder. Allerdings haben sich wohl ursprünglich nicht Kinder, sondern Schulmeister solche Merkhilfen ausgedacht. Eselsbrücken sind sicherlich kein Ergebnis emanzipatorischen Aufbegehrens, sondern vielmehr das genaue Gegenteil: Resultat strikter Vorgabe von Zielen und zu lernenden Fakten.

Doch das Gedichtlein macht deutlich:

– »Eselsbrücke« nennt man eine Hilfestellung, die dazu dient, selbst einen trägen, dummen und / oder faulen Geist vom Ufer des Unvermögens und Unwissens auf die gegenüberliegende Seite des Vermögens und Wissens zu führen.

– Es gibt »Klassiker«. Der Issos-Zweizeiler gehört dazu. Ein weiterer Klassiker wäre beispielsweise:
Wer ‚nämlich‘
mit ‚h‘ schreibt
ist dämlich.

– Reim, Gleichklang, Rhythmus dienen dazu, etwas zu behalten. Das ist typisch für Eselsbrücken. Man kann es auch anders sagen:
Reim und Rhythmus zum Zweizeiler verrührt,
so wird der Esel über die Brücke geführt.

Man kann sich jedoch auch nach entsprechenden Erklärungen in der Fachliteratur umsehen. Die Betonung von Dummheit und Faulheit verweist auf ein Verständnis der Eselsbrücke, das auf schulische Arbeitsformen des 18. und 19. Jahrhunderts zurückgeht. Dafür gibt es hinreichend Belege: Meyers kleines Konversationslexikon von 1914 etwa definiert Eselsbrücken als »Literarisches Hilfsmittel für Träge und Unbegabte, z. B. Übersetzungen, die dem Schüler jede Arbeit ersparen, oder Präparationen, die alles übersetzen und erklären. Mit Unrecht bezeichnet man Johann Buridan als Urheber des Ausdrucks.« Hier wird der Begriff zusätzlich erweitert um Übersetzungshilfen, wie sie bis in die Gegenwart vor allem für den Lateinunterricht bekannt sind: Minibüchlein mit schlechten Wort-Für-Wort-Übersetzungen; diese werden häufig »Pons« genannt und der Umgang mit ihnen gar »ponzen«.

Der Etymologie-Duden von 1963 bedient sich offenbar der gleichen Quellen; denn dort heißt es unter dem Stichwort »Eselsbrücke«: »bequemes Hilfsmittel für die Einfältigen und Trägen zum besseren Verständnis einer Sache oder zum leichteren Überwinden einer Schwierigkeit (in der Schulsprache des 18. Jahrhunderts aufgekommen als Lehnübersetzung vom mittellateinischen *pons asinarum*, einem Ausdruck der scholastischen Philosophie, der auch im entsprechenden französischen *pont aux ânes* fortwirkt.)«

Bei Gero von Wilpert findet man die Eselsbrücke erklärt als »ursprünglich in der Scholastik Figur zur Veranschaulichung logischer Verhältnisse, Anleitung zum logischen Schluß; heute Übersetzung fremdsprachlicher Texte für Schüler«; verwiesen wird auf das Stichwort »Denkvers«, und dort liest man: »literarisch wertloser, künstlich zusammengesetzter Vers zur leichteren Einprägung von Lernstoffen (grammatischer Regeln, Namen, Geschichtsdaten u. ä. nicht vernunftgemäß, sondern nur gedächtnismäßig zusammenfaßbarer Begriffe), für die er durch Rhythmus, Reim und Assonanz eine Gedächtnisstütze bietet; in neulateinischer und mittelalterlicher Pädagogik, als Genus-Regeln der lateinischen Schulgrammatik z. T. bis in die Gegenwart erhalten.« Mit der Unterscheidung von »vernunftgemäß« und »nur gedächtnismäßig« wird die negative Einschätzung der Eselsbrücke verschärft; denn es liegt der Schluss nahe, dass der Gebrauch von Eselsbrücken und reine Gedächtnisleistungen unvernünftig sind. Einleuchtend ist immerhin, dass mit einer Eselsbrücke nicht darüber entschieden werden kann, ob irgendetwas so wichtig oder wertvoll ist, dass man es sich merken sollte; entschieden wird nur darüber, wie man es sich merken kann.

Und Winkler hat einen ähnlichen Begriff von Eselsbrücken, wenn er ohne Quellenangabe aus einem Lexikon von 1879 zitiert: »Bezeichnung solcher Ausgaben von Schriftstellern oder besonderer Bücher dazu, worin sich alle Formen-, Wort- und Sacherklärungen finden, selbst diejenigen, welche ein Schüler, der einen solchen Schriftsteller liest, aus der Grammatik schon wissen muß oder im Wörterbuch finden kann; auch wohl Bezeichnung wörtlicher Übersetzungen, also einer Unterstützung für Faule und Schwache.«

Einig zu sein scheinen sich diese Autoren alle in einer Geringschätzung der Eselsbrücke als Hilfsmittel für Dumme und Träge. Ungeklärt bleibt, wieweit die Eselsbrücke bei den Scholastikern, etwa bei Johannes Buridan, eine Rolle spielte. Zwar wird vom Esel des Buridan gesprochen, doch hat der mit Eselsbrücken nicht viel zu tun; denn das ist die Geschichte des Esels, der zwischen zwei Bündeln Heu nachsinnlich grübelt, welches von beiden das beste Futter sei, und dabei verhungert. Nun hat Lutz Röhrich 1973 auf ein ganz anderes Verständnis von Eselsbrücken aufmerksam gemacht. Er berichtet, dass »Eselsbrücke« in der Mathematik des 19. Jahrhunderts gleichbedeutend mit einem Lehrsatz, etwa dem des Pythagoras, war, »der dem minder begabten Schüler die ersten ernstlichen Schwierigkeiten bereitet«. Und damit zeigt sich die andere Seite des Begriffs: Eselsbrücken sind, so gesehen, keine Hilfen für Faule und Träge, sondern sie sind das Problem, bei dem nur der Fähige und Fleißige weiterkommt.

Dieses Verständnis von Eselsbrücken geht wohl zurück auf ein Plinius-Zitat; dort ist nachzulesen, dass sich ein Esel nicht über eine Brücke führen lässt, wenn er das Wasser irgendwo durchschimmern sieht. Das heißt: Er ist dumm, traut der Brücke nicht, versteht nicht, dass sie ihn tragen wird – kurz, er kommt nicht hinüber.

Rudolf Meißner, auf dessen Arbeit Röhrich zurückgreift, hat das bereits 1917 auf knappste Art formuliert: »Einmal bezeichnet die Eselsbrücke etwas, was der Dumme, Schwerfällige nicht überwindet, andererseits etwas gerade für diese Dummen, Schwerfälligen berechnetes und geeignetes.«

Vielleicht kommt dieser Widerspruch daher, dass ein ganz wichtiger Gesichtspunkt in diesen Betrachtungen des Begriffs ganz außer Acht geblieben ist: der des Umgangs mit Eselsbrücken. Denn es ist ein reicher Schatz an Eselsbrücken vorhanden, der sich sozusagen »im Umlauf« befindet und immer wieder variiert wird, wie das bei mündlicher Überlieferung immer der Fall zu sein scheint. Wenn man einmal annimmt, mit solchen Eselsbrücken könnten sich bestimmte Menschen (und beileibe nicht nur Dummköpfe!) etwas merken, dann liegt doch der Gedanke nahe, sich solche Eselsbrücken anzusehen, die ihnen zugrunde liegenden Regeln und Prinzipien zu erkunden und für eigne Zwecke zu nutzen. Wir vermuten, dass die meisten Eselsbrücken ohnehin täglich neu erfunden werden, ohne dass man sich dessen immer so recht bewusst ist und ohne dass die vorliegenden Techniken und Möglichkeiten jeweils voll ausgeschöpft werden, man denke nur an das Beispiel vom Tankstellenbesitzer. Niemand zwingt einen, Eselsbrücken als »fast food« zu verschlingen: Fertig konstruiert, hastig konsumiert und eventuell noch mit der Folge von Verdauungsbeschwerden. Wie wäre es denn mit Eselsbrücken als »do it yourself«? Man entscheidet, was man sich merken möchte, macht sich bewusst, welche Techniken einem das erleichtern können, und bastelt sich seine eigenen Brücken in Kenntnis um vorliegende Baupläne und Beispiele. Und man muss es ja nicht dogmatisch sehen: Warum nicht im Eifer des »do it yourself« zwischendurch mal »fast food«? Wichtig scheint, dass man beides kennt und nutzt. Im Übrigen wird man dann irgendwann noch feststellen, dass das Spaß machen kann.

Bewusst habe ich deswegen die nächsten beiden Kapitel in diese Reihenfolge gebracht: Zunächst steht das »do it yourself«-Kapitel, in dem Merkverfahren und -hilfen vorgestellt werden, teils selbst erfundene, teils der vorliegenden Praxis und Literatur entnommen. Anschließend folgt eine Einführung in das gegenwärtige »fast food«-Angebot, ohne dass damit eine Verpflichtung zum »großen Fressen« verbunden wäre. Und zuletzt folgen Hinweise und Tipps zum »do it yourself«.

Eine Nachbemerkung schließlich: Eselsbrücken – in welchem Verständnis auch immer – sind eine internationale, zumindest jedoch europäische Erscheinung vor allem der Schule, genauer gesagt der gelehrten Schule. Und das Bild vom Esel auf der Brücke wird in verschiedenen Sprachen in ähnlichem Sinn genutzt. Das französische *pont aux ânes* kam bereits im Duden-Zitat vor. Meißner führt als Beispiele noch an: *æselsbro, ezelsbrug, asses bridge, puente de los asnos*. Im Englischen findet man heutzutage noch *crib* (Krippe), was eine gewisse Nähe zum Esel signalisiert, sowie *cheating aid* (Spickzettel), was eine Funktion beschreibt, die dem bereits angeführten *pons* als Übersetzungshilfe recht nahekommt. Im amerikanischen Englisch findet man *pony* (dem Esel recht ähnlich), überdies *mnemonic, aide mémoire* und *jingle*, was noch einmal auf die Bedeutung von Klang und Reim verweist.

Wie Leute sich etwas merken

SPIELEN MIT VORLAGEN: MERKVERFAHREN

Warum und wie sich Menschen etwas dauerhaft merken, darüber gibt es höchst unterschiedliche Annahmen. Eine weitverbreitete, grundlegende Idee ist die, dass man sich nur recht zu konzentrieren und an der Sache interessiert zu sein habe, dann würde man schon nichts vergessen. Sollte man dennoch etwas vergessen, dann war man nicht genug konzentriert oder interessiert. Und dann beginnt das Ganze von vorne, und man übt Konzentration und untersucht seine eigenen Interessen. Wenn es wieder nicht klappt, dann muss eine »Sperre« vorhanden sein, oder es werden kompliziertere psychologische Konstruktionen ins Spiel gebracht. Ein wenig dreht sich das im Kreise, auch wenn man die Bedeutung von Interesse und Konzentration beim Merken nicht gering veranschlagen sollte.

Es gibt eine Reihe von Verfahren, die man ausprobieren, üben und anwenden kann, ohne dass gleich ein Psychologe nötig wäre. Einige davon wollen wir im Folgenden vorstellen und kommentieren, wobei klar ist, dass nicht jedes Merkverfahren für jeden Menschen und jeden Zweck geeignet ist. Hinzu kommen einige Beispiele dafür, wie sich Menschen im Alltag und tatsächlich etwas zu merken versuchen und es dann auch behalten. Es wird also angeknüpft an den »do it yourself«-Ansatz, der Ende des letzten Kapitels angesprochen wurde.

Abgeschlossen wird dieses Kapitel mit dem Versuch, grundlegende Prinzipien solcher Merkverfahren auf den Begriff zu bringen.

Rucksack, Känguru und Bumerang:
Buchstaben und Bilder

Schaut man sich die Übersicht auf der nächsten Seite an, so springt das Prinzip dieses Verfahrens ins Auge: Den Buchstaben werden auf mehr oder weniger einleuchtende Art Bildzeichen zugeordnet, wobei die Ähnlichkeit von Formen genutzt wird. Die Übersicht enthält ein Bildzeichen für jeden kleinen Druckbuchstaben des ABC. Grundsätzlich gilt die Anregung, eigene Bildzeichen zu erfinden. Und so deutet sich bereits an, wie man sich in dieses Verfahren einführen kann – als Spiel. Die Regel heißt: Erfinde Bilder, die den kleinen Buchstaben des ABC ähnlich sehen. Man könnte vermuten, dass einem das Behalten einfacher fällt, wenn man sich selber etwas ausgedacht hat. Und es ist beispielsweise durchaus sinnvoll, über eine Alternative zum Bildzeichen für »n« und »v« nachzudenken. Denn in unseren Breiten erfreut sich die Bezeichnung »Vogel-Vau« weiter Verbreitung, sodass es leicht zu Konfusionen kommen kann, wenn man das »n« mit einem Bild von einem Vogel verbinden möchte. Wie wäre es mit Stadt-Tor?

Brauchbar und einsetzbar sind diese Bildzeichen vielfältig. Hier sollen Beispiele für die Lösung von Rechtschreibproblemen gegeben werden, weil das nicht so naheliegend erscheint. Man kann nach Sätzen suchen, die in Verbindung mit den Bildzeichen helfen sollen, Fehler zu reduzieren, wenn sie sich schon nicht ganz vermeiden lassen.

Das Wort »endlich« lässt immer wieder viele Schüler ins Grübeln geraten: »d« oder »t«? Oft ist die Ableitung von »Ende« nicht gar so überzeugend und tragfähig; denn da gibt es ja auch noch die Vorsilbe »ent-«. Der folgende Satz in Verbindung mit dem Bildzeichen für »d« (Schöpfkelle) kann da hilfreich sein: »Endlich gibt es Suppe«. Man kann sich allerdings vorstellen, dass in anderen Zusammenhängen ein ganz anderer Satz hilfreich ist.

Dialektsprechern macht die Unterscheidung von harten und weichen Lauten mitunter erhebliche Schwierigkeiten, vor allem am Ende eines Wortes; mit den Bildzeichen für b / p (Känguru / Schmetterlingsnetz), d / t (Schöpflöffel/Kreuz) oder g / k (Papierrolle / Lotse) lassen sich mehr oder weniger sinnvolle Sätze bzw. Wort-Bild-Collagen erfinden, die gegen Vergessen zumindest begrenzt taugen.

Dass in diesem Verfahren die Chance zu einem guten Stück Individualisierung steckt, braucht kaum gesagt zu werden: Jeder kann seine eigenen Merkhilfen so gestalten, wie es ihm am genehmsten ist; es ist ihm freigestellt, ob er sich das Wort »Gestrüpp« merkt, indem er im Gestrüpp so viele Schmetterlinge vermutet, dass man getrost mit zwei Netzen losziehen sollte, oder ob er das Gestrüpp für so dicht hält wie die Maschen zweier ineinandergesteckter Schmetterlingsnetze.

Eine Einzelbeobachtung noch als Beispiel: Ein Kind, das sich einfach nicht zwischen »wir« und »wier« entscheiden konnte, löste sein Problem mit dem lapidaren Satz: »Wir haben nur noch ein Streichholz« (Bildzeichen für i).

Am Schluss schließlich ein Hinweis darauf, dass man diese Zuordnungen auch zwischen großen Druckbuchstaben und Bildzeichen vornehmen kann. Nachfolgend findet man ein Beispiel, das die Buchstaben weglässt, die groß und klein ähnlich aussehen; denn da kann man ja auf den Zeichenvorrat für die Kleinbuchstaben zurückgreifen. Auch hier gilt, dass man sich »bessere«, eher einleuchtende Zeichen ausdenken kann und sollte.

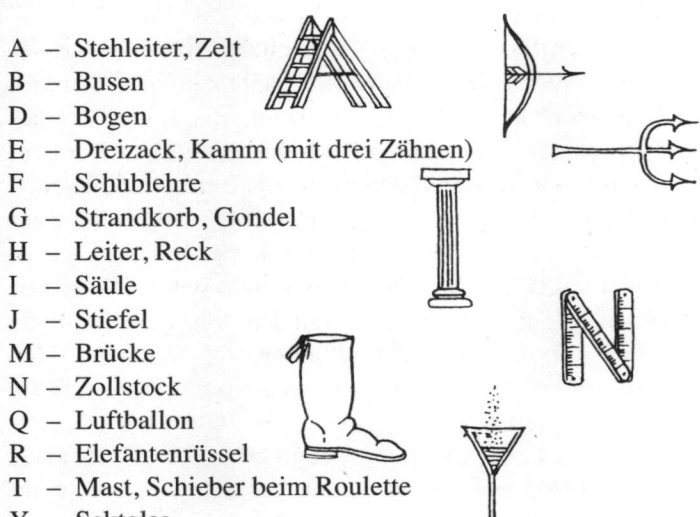

A – Stehleiter, Zelt
B – Busen
D – Bogen
E – Dreizack, Kamm (mit drei Zähnen)
F – Schublehre
G – Strandkorb, Gondel
H – Leiter, Reck
I – Säule
J – Stiefel
M – Brücke
N – Zollstock
Q – Luftballon
R – Elefantenrüssel
T – Mast, Schieber beim Roulette
Y – Sektglas

Ein Lichtlein brennt: Zahlen und Bilder

Dieses Verfahren ist einfach zu erlernen, vielseitig einzusetzen, eröffnet der eigenen Fantasie große Spielräume und kann Spaß machen. Das Prinzip kennen wir schon von den Buchstaben: Den Zahlen werden Bilder zugeordnet. Mit einigem guten Willen entdeckt man formale Beziehungen zwischen Zahl- und Bildzeichen.

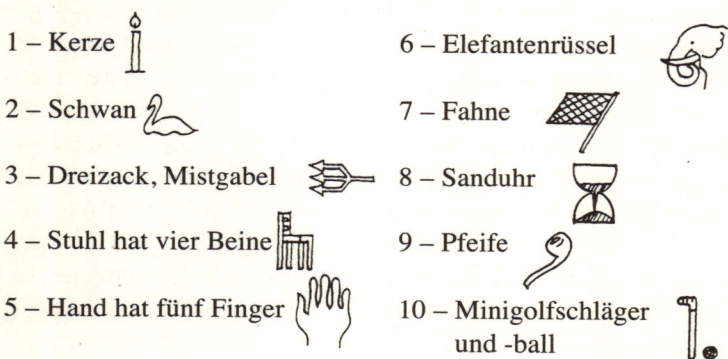

1 – Kerze

2 – Schwan

3 – Dreizack, Mistgabel

4 – Stuhl hat vier Beine

5 – Hand hat fünf Finger

6 – Elefantenrüssel

7 – Fahne

8 – Sanduhr

9 – Pfeife

10 – Minigolfschläger und -ball

Aus der Reihe tanzen die 4 und die 5. Da spielt die Anzahl eine Rolle (vier Beine eines Stuhls, fünf Finger einer unversehrten Hand) und nicht die Ähnlichkeit von Formen.

Will man die Reihe bis 20 fortsetzen, dann sind folgende Zuordnungen möglich:

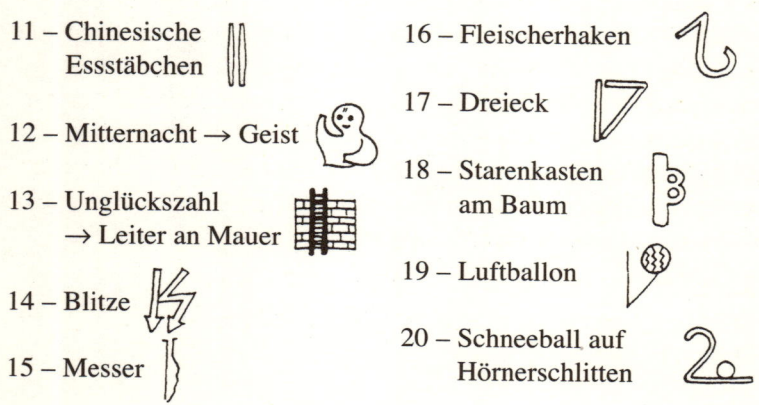

11 – Chinesische Essstäbchen

12 – Mitternacht → Geist

13 – Unglückszahl → Leiter an Mauer

14 – Blitze

15 – Messer

16 – Fleischerhaken

17 – Dreieck

18 – Starenkasten am Baum

19 – Luftballon

20 – Schneeball auf Hörnerschlitten

Diese Zuordnungen von Zahlen zu Formen bzw. Bildern ist eine Auswahl aus vorliegenden Vorschlägen. Ich habe dabei vor allem auf zwei Dinge geachtet: Der Zusammenhang zwischen Zahl und Bild sollte erstens leidlich einleuchtend und zweitens möglichst zweifelsfrei sein.

Zur Erklärung: Es wäre durchaus denkbar, für die 6 einen Würfel als Bildzeichen zu wählen, nur findet man auf dem Würfel normalerweise auch die Zahlen 1 bis 5, sodass Probleme auftreten können. Man könnte auch für die 3 ein Kleeblatt als Bildzeichen wählen, nur gibt es eben auch – wenn auch seltener – vierblättrige Kleeblätter. Und natürlich ist als Zeichen für die 11 ein Paar Spaghetti ebenso denkbar wie die vorgeschlagenen Essstäbchen, nur findet man die Essstäbchen mit einer gewissen Konsequenz in dieser Zweier-Einheit vor, während die Anzahl von Spaghetti in aller Regel eine variable Größe ist. Ferner sollten die Bildzeichen brauchbar sein. Also: Man kann sicher für die 4 ein Segel als Bildzeichen wählen; nur lässt sich damit eventuell nicht so viel anfangen wie mit einem Stuhl: mit ihm turnen, ihn verbrennen, enorm viel auf ihm ablegen oder ihn mit anderen Möbeln und Gegenständen kombinieren.

Allerdings hängt das von eigenen Vorlieben und Vorstellungsmöglichkeiten ab.

Angedeutet ist es damit bereits, wie man mit diesen Zahlen-Bilder-Kombinationen umgehen kann. Am Beispiel wird es deutlicher: Nehmen wir an, ein Lehrer möchte dieses Verfahren seiner Klasse näherbringen; da bietet sich ihm die günstige Gelegenheit, in die Rolle eines mittelprächtigen »Gedächtniskünstlers« zu schlüpfen. Er lässt sich 10 bis 20 Wörter nennen, schreibt sie an die Wandtafel, klappt die Tafel zu und kann alle Wörter auswendig aufsagen, ja er weiß sogar, welches das 3. oder 15. Wort ist. Und was ist der Trick bei dieser Angelegenheit? Beim Aufschreiben verbindet er jedes Wort mit dem entsprechenden Bildzeichen zu neuen Bildern oder »Mini-Geschichten«. Die ersten fünf Wörter könnten etwa Haus, Ofen, Auto, Gedanke und Glas sein. Dann müsste man diese Verbindungen herstellen:

1 – Kerze – Haus	4 – Stuhl – Gedanke
2 – Schwan – Ofen	5 – Hand – Glas
3 – Dreizack – Auto	

Die Wortpaare kann man nun wie Stichwörter für kurze Geschichten, Bilder oder Eindrücke behandeln:

1. Auf einem Haus brennt eine Kerze. Es ist dunkel, und nur dieses hell erleuchtete Haus ist deutlich zu sehen.
2. Der Schwan ist müde vom Schwimmen, nass und kalt. Deswegen setzt er sich auf einen Ofen, wo es warm und trocken ist.
3. Ein böser Mensch kratzt mit dem Dreizack den schönen Lack vom nagelneuen Auto an – ein hässliches Geräusch, das man schlecht vergisst.
4. Ein Gedanke ist erschöpft vom Gedachtwerden und lässt sich ermattet auf den nächstbesten Stuhl fallen, um sich zu erholen.
5. Eine Hand greift fest nach einem Glas; denn Glas ist zerbrechlich und will deswegen fest gehalten werden.

Sicher findet jeder seine eigenen »Mini-Geschichten« oder Bilder für solche Paare; und jeder hat da auch seine besonderen Schwerpunkte, die ein Vergessen verhindern helfen. Um das zu illustrieren, wurden diese fünf »Mini-Geschichten« absichtlich so angelegt, dass verschiedenartige Bezüge genutzt wurden, nämlich

1. visuelle Bilder,
2. Körpergefühle,
3. Geräusche,
4. fantasievolle, skurrile Vorstellungen oder
5. sehr reale Zusammenhänge.

Hilfreich ist es zu Beginn, sich die Bildzeichen abzumalen und an die Wand zu hängen; dann lassen sie sich besser einprägen und sind für spielerische Übungen stets präsent. Was das soll nun? Wobei kann man dieses Verfahren einsetzen und nutzen? Sicher kann man sich der Beantwortung dieser Frage recht elegant mit dem Hinweis darauf entziehen, dass das eben jeder für sich ausprobieren kann. Nur ist das keine sehr befriedigende Auskunft.

Wählen wir also noch einmal ein Beispiel aus einem Bereich, an den man vermutlich in diesem Zusammenhang nicht sofort denkt: Rechtschreiben. Da gibt es immer wieder das Problem, dass man nur wenige verbreitete Wörter am Anfang mit fer- / Fer- schreibt, während ansonsten die Vorsilbe ver- / Ver- anzutreffen ist:

- fertig
- Ferien
- Ferkel
- fern / Ferne (und entsprechende Zusammensetzungen)
- Ferse

(Zugegeben, es gibt noch das eine oder andere Wort mit Fer-, etwa »Ferment«, nur braucht man die sehr, sehr wenig). Für diese fünf Wörter kann man sich »Mini-Geschichten« ausdenken:

- Wenn eine Kerze fast fertig ist, d. h. heruntergebrannt, dann droht Brandgefahr.
- In den Ferien am See sieht man einen schönen Schwan.
- Ferkel sind im Stall, und der muss von Zeit zu Zeit mit einer Mistgabel ausgemistet werden.
- In die Ferne kann man mit einem Motorrad fahren, das man auch Feuer-Stuhl nennt.
- Die Hand ist ein Körperteil, wie eine Ferse auch.

Das sind Beispiele, die zurückgehen auf gemeinsame Suche nach Merkhilfen mit Erwachsenen und Kindern. Wer will, kann auch all diese Merkwörter in einem Satz zusammenfassen, etwa: Das fertige Ferkel macht Ferien in der Ferne und tanzt auf den Fersen. Das Schöne an diesem Verfahren ist, dass jeder für sich seine Zusammenhänge herstellen kann; darin liegt wohl der – zumindest zeitweilige – Erfolg begründet. Und darin liegt auch ein gewisser Reiz. Ich habe dieses Verfahren am Beispiel gerade dieses Rechtschreibproblems mehrfach mit Kindern und Erwachsenen ausprobiert, und es war erstaunlich, wie locker und frei Kinder darangegangen sind, während Erwachsene in erster Linie nach logischen und »akzeptablen« Lösungen gesucht haben.

Der Fantasie sind keine Grenzen gesetzt. Es darf weiter über Anwendungsbeispiele nachgedacht werden (wie wäre es mit »Einkaufszettel-Ersatz« oder mit Stichwörtern für ein Referat?). Es darf weiter erfunden werden; die Zahlen ab 21 warten auf ihre mnemotechnische Erlösung. Dabei muss man sich aber fragen, ob das sinnvoll ist, und ob man nicht lieber ein anderes Verfahren benutzt; es folgen ja noch einige.

Am See gibt's Tee und Wein: Zahlen und Buchstaben

Aus dem englischen Sprachraum stammt ein Merkverfahren, bei dem Ziffern mit Buchstaben – genauer Konsonanten bzw. Konsonantenfolgen – verbunden werden sollen; ausgenommen sind lediglich »w«, »h« und »y« – zusammengefasst zum Merkwort »why« (warum). Zwischen harten und weichen Lauten (d – t, b – p, g – k, f – v) wird dabei kein Unterschied gemacht. Vokale (Selbstlaute) kann man einsetzen wie man will. Die üblichen Zuordnungen sind:

1 – t / d	6 – Ch, sch, x
2 – n	7 – k / g, ck, qu
3 – m	8 – f / v, pf
4 – r	9 – p / b
5 – I	0 – z, c, s, ß

Diese Zuordnung hat man sich zu merken, damit man damit arbeiten kann. Und um das zu erleichtern, hat man versucht, »Brücken« zu bauen und mehr oder weniger plausible Erklärungen anzubieten:

- »1« hat einen senkrechten Strich wie »t« auch
- »2« passt zu »n«, weil man da zwei Striche nach unten finden kann
- »3« passt zu »m«, weil man da drei Striche nach unten finden kann
- »vier« hat vier Buchstaben und endet überdies mit einem »r«
- »5« gehört zu »L«, weil bei den römischen Zahlen 50 als »L« geschrieben wurde
- »sechs« hat das »ch« und das »sch« gewissermaßen »in sich«; außerdem heißt es auf englisch »six«, also das »x«
- »7« sieht ein wenig aus wie der Anfang eines »K« in Schreibschrift
- »8« gleicht in etwa dem kleinen »f« in Schreibschrift
- »9« ähnelt einem gespiegelten »P« bzw. einem rotierten »b«
- »0« ist enthalten im entsprechenden »zero«.

Dieses System ist mittlerweile bis zu einem gewissen Grad konventionalisiert, d. h. in dieser Form eingeführt und akzeptiert. Allerdings liegen Verbesserungs- und Veränderungsvorschläge im deutschsprachigen Raum vor. Ullmann / Bierbaum nehmen vollkommen andere

Zuordnungen vor; Zielke versucht es mit einer Reihe von Verbesserungen, von denen beispielsweise der Vorschlag, »m« und »w« gleichzusetzen mit »3« nichts am System ändert und durchaus praktisch erscheint.

Wörter bildet man, indem man die Konsonanten um Vokale »anreichert«. Um sich die Ziffern 0 bis 9 einzuprägen wäre etwa folgender, mehr oder weniger sinnvolle Text brauchbar:

Am *S*ee	0
gibt's *T*ee	1
und We*in*	2
im *M*ai.	3
*R*eh und *L*eu	4, 5
sind dabei *sch*eu.	6
Und eine *K*uh	7
trifft eine *F*ee	8
am *B*au.	9

Wieder ist die Fantasie gefordert; denn es lassen sich jeweils viele Möglichkeiten finden. So kann das D oder T für 1 etwa übersetzt werden in: da, do, du, die, Idee, Eid, Ida, Udo, Tee, Auto, Ute, Ate, Haut, Tau, Hut, Wut, weit, ... Umgekehrt ist die Sache eindeutiger, Weinrebe ergibt »zurückübersetzt« 2 – 4 – 9. Bei der Suche nach eigenen Zuordnungen kann es hilfreich sein, sich die möglichen Konsonanten untereinander aufzuschreiben und Lücken für die einzusetzenden Vokale zu lassen. Für die 10 sähe das dann so aus:

____	T	____	Z	____	
____	T	____	S	____	
____	D	____	Z	____	
____	D	____	S	____	

Mögliche Merkwörter könnten dann beispielsweise sein: Dose, Hitze, Atze, Düse, Ethos, ...

Auf den ersten Blick scheint dieses System in seiner Anwendung recht begrenzt zu sein. Man denkt vermutlich vor allem an Jahreszahlen, Telefon- oder Kontonummern. Wenn man sich jedoch daranmacht, sich eine feste Abfolge von Wörtern einzuprägen, dann kann man ähnlich damit umgehen wie mit dem zweiten vorgestellten Verfahren (vgl. S. 22, Ein Lichtlein brennt), nur ist man etwas beweglicher, da man sich die Wörter bzw. Bilder selber aussuchen kann. Beispielsweise könnte sich jemand für die Zahlen 1 bis 10 folgende Wörter fest einprägen, weil er sich die Bilder gut vorstellen kann: Auto, Noah (mit Arche), Emu, Reh, Aal, Schuhu, Kuh, Fee, Hupe, Dose. Für 11 bis 20 wären diese Wörter möglich: Otto, Ton (zum Kneten), Atem, Tür, Hotel, Tisch, Theke, Taufe, Taube, Insel. Diese Liste ließe sich fortsetzen, und man kann dann diese Bilder zu »Mini-Geschichten« verbinden.

Die Umsetzung in prägnante Bilder ist ein Gesichtspunkt. Ein anderer wäre die Herstellung einer Systematik, indem man sich am Anfangsbuchstaben orientiert. Beispielsweise kann man sich für 0 bis 9 Wörter ausdenken, die alle mit H beginnen, weil das H ja keiner Ziffer zugeordnet ist: Hase, Hut, Hahn, Homo, Haar, hohl, Hexe, Hecke, Hefe, Hupe. Denkbar wäre auch, dass sie alle mit S für 0 anfangen, man also von 00 bis 09 zählt: Süße, Saat, Sahne, Sumo, Saar, Sohle, Sex, Säge, Safe, Sieb. Entsprechend müssten dann die Wörter für 10 bis 19 mit T beginnen, die von 20 bis 29 mit N und so fort (vgl. die nachfolgende Zusammenstellung für die Zahlen von 1 bis 100).

Heinz, der Floh, mag Brei: Gleichklänge

Während in den bisher vorgestellten Verfahren jeweils Ähnlichkeiten der Form zu Verknüpfungen geführt haben, werden in diesem Beispiel klangliche Entsprechungen genutzt.
Im Englischen klingt es so:

one is a bun	six is a stick
two is a shoe	seven is a heaven
three is a tree	eight is a gate
four is a door	nine is a line
five is a hive	ten is a hen

Und die deutsche Variante hört sich so an:

eins ist Heinz	sechs ist ' ne Hex'
zwo ist ein Floh	sieben sind Rüben
drei ist ein Brei	acht ist 'ne Tracht

28

vier ist ein Stier   neun ist 'ne Scheun
fünf sind Strümpf   zehn sind die Zehen

Sicher sind auch hier wieder Alternativen möglich, etwa eins – Mainz,
zwo – Klo oder Zoo, vier – Bier, fünf – Stümpf, sieben – lieben, acht –
Pracht. Entsprechend hieße dann die Überschrift für diesen Abschnitt:
In Mainz im Zoo gibt's Bier. Es sind Reime, und von denen weiß man
ja, dass sie vielen Menschen beim Merken helfen können.
Genutzt werden kann dieses Verfahren wie die vorangegangenen: Die
Zuordnungen muss man sich einprägen, um dann mit zu merkendem
Material Mini-Geschichten oder Bilder zu basteln.

Wo ist was? – Räumliche Beziehungen

Cicero erzählt in »De Oratore« von einem wenig erfreulichen Ereignis und einem erfreulich guten Gedächtnis. Der griechische Dichter
Simonides hatte den Auftrag bekommen, für bedeutende Römer auf
einer Versammlung ein Lobgedicht zu schreiben und vorzutragen.
Dies tat er auch zur Zufriedenheit aller, und nach getaner Arbeit ging
er hinaus ins Freie. Gerade zu diesem Zeitpunkt brach das Gebäude
zusammen und begrub alle versammelten bedeutenden Römer unter
sich. Durch die herabstürzenden Massen waren die Teilnehmer an dieser Versammlung derart zugerichtet, dass selbst die nächsten Anver-
wandten die Leichen nicht identifizieren konnten. Simonides jedoch
konnte jede Leiche noch vor Ort identifizieren. Sein Trick: Bei der
Vorbereitung seines Gedichts hatte er sich die Sitzposition eines jeden
Gastes gemerkt und dieser Position die entsprechenden Zeilen seines
Lobgedichts zugeordnet. Er musste nun lediglich sein Gedicht noch
einmal durchgehen und konnte so die Namen der Gäste bestimmen.
Diese Geschichte muss nicht wahr sein, doch sie zeigt ein Verfahren, wie man sich etwas merken kann: Informationen, Namen, Daten,
Stichworte oder Zahlen werden in der Vorstellung in einem bekann-
ten Raum oder in bekannten Räumen »abgelegt« und anschließend
bei einem »innerlichen Rundgang« dort wieder »abgeholt«. Griechische Redner sollen Säulen als räumliche Orientierungspunkte für ihre
Reden genutzt haben. Doch dieses Verfahren wurde nicht nur in der

Antike benutzt, es findet auch heute noch Anwendung. So war beispielsweise in der Fernseh-Sendung »Wetten dass« ein Kandidat aus der Schweiz zu bewundern, der sich eine enorm lange Ziffernfolge sicher einprägen und dann auch angeben konnte, welche Ziffer auf Position 98 oder 56 zu finden war. Sein Trick: Er hatte innerlich einen Gang durch eine ganze Straße gemacht, einzelne Häuser und Räume aufgesucht und dort bei Bekannten jeweils eine Ziffer abgelegt. Aufgefordert, die Ziffer an einer bestimmten Position zu nennen, hatte er sich wieder innerlich auf den Weg gemacht und war zum entsprechenden Raum und zur betreffenden Person gegangen, um sich seine Ziffer wieder abzuholen.

Das klingt vielleicht ein wenig exotisch und für den Hausgebrauch untauglich. Doch im Grunde kennt jeder Mensch bestimmte Räumlichkeiten sehr genau und kann sie sich vorstellen, sei es die eigene Wohnung, ein bestimmtes Grundstück, die eigene Straße, ein oft gegangener Weg oder auch eine Fantasie-Landschaft. Und es muss ja nicht immer um Leichen oder enorm lange Zahlenfolgen gehen. Nehmen wir an, jemand möchte folgende Sachen einkaufen: ein Brot, Katzenfutter, Tomaten, Bananen und Wein. Nehmen wir auch an, die jeweilige Menge sei nicht so wichtig, weil sie sich im üblichen Rahmen bewegt. Die bekannten Orte könnten auf dem Heimweg sein: Zufahrt zum Garagentor, aussteigen im Garageninnenraum, öffnen der Haustür, Jacke ablegen an der Garderobe, Gang in die Küche, um alles zu versorgen. Mit ein wenig Fantasie kann man sich für diesen Fall einen »Einkaufszettel« in Form einer Abfolge von mehr oder weniger seltsamen Bildern mit Geräuschen einprägen:

- auf die Garageneinfahrt rollt knirschend ein riesiges Brot zu, sein bedrohlicher Schatten liegt auf der Zufahrt,
- in der Garage frisst die Katze sich satt, man hört sie erst schmatzen, dann schnurren,
- an die Haustür wirft jemand klatschend frische Tomaten, hässliche rot-braune Flecken sind zu sehen,
- in der Garderobe ist kein Platz mehr für die Jacke, denn dort hängt an einem Haken eine ganze Bananenstaude, und
- in der Küche gluckert gerade der Ausguss, weil der restliche Wein abfließt.

Beim Einkauf selber hat man sich lediglich den Heimweg mit diesen Bildern vorzustellen, um nichts zu vergessen.

DO IT YOURSELF: BEISPIELE

Die nachfolgenden Abschnitte zeigen Beispiele dafür, wie Leute versuchen, sich etwas zu merken. Zugrunde liegt eine Vielzahl von Gesprächen mit Freunden und Bekannten, die sich in irgendeiner Form einmal mit Merkhilfen auseinandergesetzt haben. Gezeigt werden soll, dass neben den in der Literatur verbreiteten Merkverfahren täglich und beinahe überall Beispiele dafür zu finden sind, wie auf eigene Art und Weise versucht wird, Merkhilfen und -verfahren zu erfinden, zu nutzen und zu verändern.

Vorlagen und Variationen: Das Morsealphabet

Bei Beyer findet sich ein auf den ersten Blick höchst origineller Vorschlag, wie man das Morsealphabet lernen kann. Da das Morsealphabet nur aus zwei Zeichen besteht – Punkt und Strich für kurz und lang – schlägt er vor, einen Punkt immer mit einem »r« gleichzusetzen und einen Strich mit einem »t«. Nun gilt es nur noch, Wörter zu finden, in denen »r« und »t« in der entsprechenden Reihenfolge vorkommen, und schon beherrscht man das ganze Morsealphabet. Und so beginnen seine Zuordnungen:

A = · –   = Ort
B = – · · ·   = Terror
C = – · – ·   = Tortur
D = – · ·   = Torero

Er koppelt nun diese Wörter mit den Bildzeichen für große Druckbuchstaben, also A für Zelt gekoppelt mit Ort, B für Busen gekoppelt mit Terror, C für Bumerang gekoppelt mit Tortur, D für Bogen gekoppelt mit Torero und so fort. Wo uns die Ausgangsidee mit »r« und »t« noch gefiel, da kamen uns dann diese Zuordnungen recht umständlich und aufwendig vor. Deswegen machten wir uns auf die Suche nach

Alternativen und kamen auf den recht naheliegenden Gedanken, die Anfangsbuchstaben als Verbindungsglied zu nutzen, da sich das bei A geradezu anbot statt »Ort« einfach »Art« und schon war das Problem gelöst. In der Folge zeigte sich, dass das nicht immer so einfach war und dass häufig eigentümliche Wortbildungen in Kauf zu nehmen waren. Nach einer Zeit des Experimentierens und Blätterns in Wörterbüchern hatten wir schließlich »unser« System beieinander, und das sah so aus:

A	= · –	= Art	N	= – ·	= Nautiker
B	= – · · ·	= Blitzerreger	O	= – – –	= Ostkontakt
C	= – · – ·	= Containertür	P	= · – – ·	= Perlmutter
D	= – · ·	= Doktorgrad	Q	= – – · –	= Quittenrot
E	= ·	= Eber	R	= · – ·	= Reiter
F	= · · – ·	= Fabrikarbeiter	S	= · · ·	= Schnorrer
G	= – – ·	= Gitter	T	= –	= Ton
H	= · · · ·	= Horrorgrausen	U	= · · –	= Umrührstab
I	= · ·	= Irrweg	V	= · · · –	= Vermehrungsrate
J	= · – – –	= Juristenstaat	W	= · – –	= Wortteil
K	= – · –	= Kontrast	X	= – · · –	= Xater-Rate (!)
L	= · – · ·	= Lakritzfresser	Y	= – · – –	= Yachtregatta
M	= – –	= Motte	Z	= – – · ·	= Zitterspieler

Bei genauerem Hinsehen wird man noch einige Ungereimtheiten feststellen können, etwa die schönen Zuordnungen bei C, H, J, K oder X. Vermutlich könnte man dieses Schema noch erheblich verbessern, doch ich habe das unterlassen, und der Grund dafür ist ganz einfach. Denn als ich mit »meinem« System so weit war und es stolz vorstellen wollte, da traf ich jemanden, der wirklich einmal Morsen gelernt hatte und dem das alles sehr kompliziert vorkam. Er hatte nämlich zu seiner Zeit ein viel einfacheres Merkverfahren kennengelernt, auch wenn er sich nicht mehr an alle Einzelheiten erinnerte.

Bei diesem System ist die Anzahl der Silben die entscheidende Größe, und Silben, in denen ein »o« vorkommt, bedeuten »lang«, Silben ohne »o« entsprechend »kurz«. Überdies werden die »einfachen« Fälle schon von vornherein aussortiert. E, I, S, H sind Buchstaben, die ausschließlich aus Punkten bestehen, egal ob man sich das mit »Eis + Haube« merkt oder mit »Ein Igel sucht Hilfe«; T, M, O sind Buchstaben, die ausschließlich aus Strichen bestehen, und das kann man sich mit »TOM« oder mit »Tanz Mit Oma« merken. Was diese Merkhilfe attraktiv macht, ist die Tatsache, dass man sich in rhythmische Bereiche begibt und somit sprachlich eine Entsprechung zum Vorgang des Morsens herstellt. Hier die Beispiele; der Leser ist freundlich aufgefordert, weiterzusuchen:

A	= · −	= Atoll		N	= − ·	= Note
B	= − · · ·	= Botenjunge		O	= − − −	= (Ozonloch)
C	= − · − ·	= Coca-Cola		P	= · − − ·	= Peloponnes
D	= − · ·	= Dominus		Q	= − − · −	= ?
E	= ·	= (Eis)		R	= · − ·	= Revolver
F	= · · − ·	= Filitosa		S	= · · ·	= (Salatblatt)
G	= − − ·	= Gomorrha		T	= −	= (Ton)
H	= · · · ·	= (Herrenreiter)		U	= · · −	= Uniform
I	= · ·	= (Igel)		V	= · · · −	= Valentino
J	= · − − −	= Jakobs Jo-Jo		W	= · − −	= Windmotor
K	= − · −	= Kommando		X	= − · · −	= ?
L	= · − · ·	= Leonidas		Y	= − · − −	= Yoghurt ... (?)
M	= − −	= (Motor)		Z	= − − · ·	= Zoroaster

Fantasieren und konstruieren: Geografische Formen

Der italienische Stiefel, der skandinavische Löwe, der englische Beutelhase – geografische Formen sind immer wieder ausgedeutet worden. Die Gründe dafür sind recht unterschiedlich: Einige markante Formen drängen sich für diese Übung geradezu auf. Bei anderen, erst einmal ungeklärten Formen muss man länger herumspielen, um eine leicht wiedererkennbare Form zu entdecken; und diese Wiedererkennbarkeit ist in diesem Fall der Grund. Manchmal wird dieses Ausdeuten geografischer Formen auch in ironischer, spöttischer Absicht betrieben, wie zum Beispiel auf der abgebildeten Postkarte:
Hier soll nun von einigen Versuchen mit Schülern und Lehrern berichtet werden, sich mit der Form des Landkreises Biberach auseinanderzusetzen. Dieser Landkreis zeigt auf der Landkarte eine Form, bei der

einem nicht sofort eine ähnliche Form einfallen muss. Was kann man nun tun, um es Grundschülern zu ermöglichen, »ihren« Landkreis auf einer Karte wiederzuerkennen oder gar aufzuzeichnen? Erwachsene

A gallant piper, struggling through the bogs,   Yet, strong of heart, a fitting emblem makes
His wind bag broken, wearing his clay clogs.   For Scotland—land of heroes and of cakes.

können sich an größeren Zusammenhängen orientieren, wissen, wo Ulm und der Bodensee zu finden sind, suchen etwa auf der halben Strecke zwischen Ulm und Bodensee und finden so in akzeptabler Zeit und mit relativ geringem Aufwand diesen Landkreis. Kinder hingegen haben im Umgang mit Karten wenig Übung, sind in diesem Fall auf das Wiedererkennen von Formen bzw. Bildern angewiesen. Deswegen wurde ihnen Zeit, Gelegenheit, Material (Umrisszeichnung zum Durchpausen) und Anreiz (Wettbewerb) gegeben, um sich mit dieser seltsamen Form auseinanderzusetzen und sie sich einzuprägen. Der Leser kann das selber auch ausprobieren: ein Schreibgerät nehmen, den Umriss durchpausen und dann anfangen, diese Form auszumalen und auszudeuten, bis sich etwas Erkennbares ergibt.

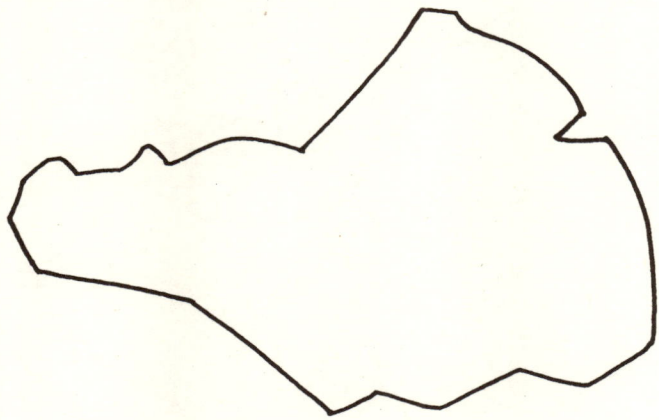

Kinder einer vierten Grundschulklasse fanden etwa 20 verschiedene Möglichkeiten, wobei die Raumlage keine Rolle spielte, die Umrisszeichnung wurde munter um 90° oder um 180° gedreht. Viele »Lösungen« ähnelten sich; der westliche Teil des Landkreises bot sich offenbar als Tierkopf an (vgl. die Beispiele auf der Folgeseite). Es brauchte eine gewisse »Anlaufzeit«, doch dann wurde munter experimentiert und gekritzelt; dieses Suchen und Entdecken von Formen fanden die Schüler lustig, und es machte ihnen Spaß.
Im Zusammenhang mit Merkhilfen ist von Bedeutung, dass die Kinder diese doch recht komplizierte Umrisslinie anschließend zum großen Teil recht locker und sicher zeichnen und wiedererkennen konnten. Das eigene Versuchen und Ausdeuten war wichtig; weniger wichtig war dabei, ob die einzelnen Formvorstellungen sehr prägnant waren und die Details der Umrisslinie klärten oder nicht. Ein Beispiel für eine weniger prägnante Lösung wäre das Indianerzelt, bei dem doch vieles ungeklärt bleibt.

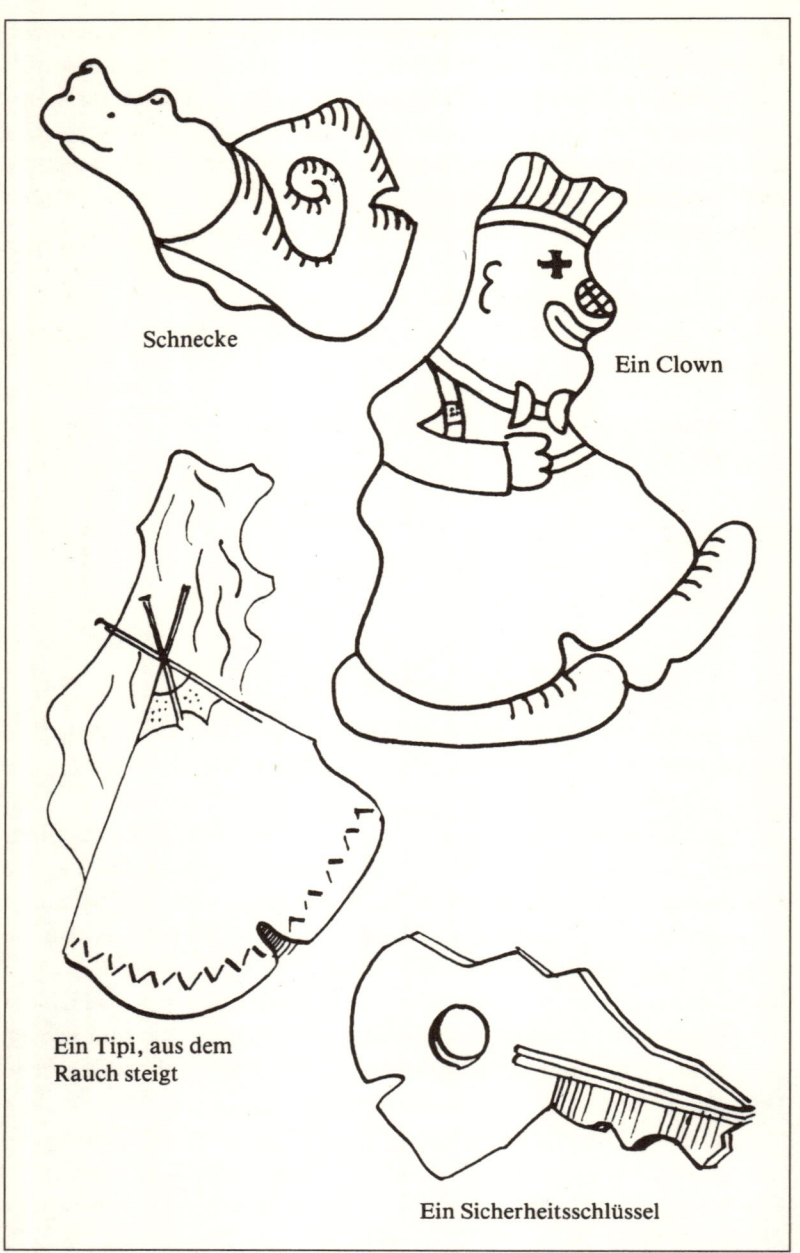

Schnecke

Ein Clown

Ein Tipi, aus dem
Rauch steigt

Ein Sicherheitsschlüssel

Der gleiche Versuch mit einem anderen Publikum – Lehrern und Kollegen – und schon ist das Ergebnis ganz anders: Hatten die Kinder sich spontan und ohne große Hemmungen an diese Aufgabe herangemacht und Freude daran gefunden, so investierten die Erwachsenen erst einmal sehr viel Zeit und Energie in Ausweichmanöver (Ich kann nicht zeichnen! Da finde ich nichts! Wozu soll das gut sein?). Dementsprechend war die »Ausbeute« auch deutlich geringer. Die Suche nach Alternativen zeigte dann, woran es lag: Dieses freie Skizzieren wurde als nicht vernünftig und logisch genug empfunden. Als viel leichter und einleuchtender wurde die schrittweise Entwicklung einer Umrisszeichnung angesehen:

1. Zeichnen eines großen Quadrats und Unterteilung in vier gleiche, kleine Quadrate:

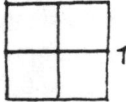

2. Ansetzen von weiteren zwei kleinen Quadraten oben und seitlich:

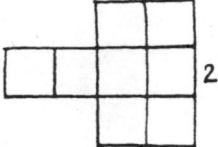

3. Einfügen der wichtigsten Diagonalen:

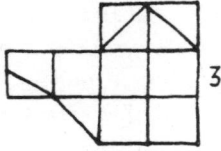

4. Ausgestalten der Details in Form von kleinen »Zacken« und Einzeichnen der Lage der Kreisstadt:

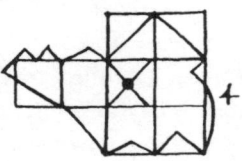

Soweit dieser »logische« und scheinbar sichere Weg. Mit den Kindern wurde diese »logische« Lösung dann auch ausprobiert, und die hatten damit keine Probleme, fanden ein solches »Zeichnen nach Rezept« eher lustig. Deutlich wird an diesem Beispiel allerdings, wie schwer man es sich beim Basteln von Merkhilfen machen kann, wenn man darauf besteht, dass es logisch und »seriös« zugehen muss.

Sprach- und Buchstabenspiele: Biochemie

Angehende Mediziner müssen eine große Menge schierer Fakten lernen, neun Fächer werden im Vorphysikum abgeprüft, eines davon ist Biochemie bzw. Physiologische Chemie. Grundlage für einen Erfolg – in diesem Fall zugesagte 90 % richtiger Antworten – ist ein DIN-A4-Reader mit dem Titel »Physiologische Chemie« von Lorenz Lampl und Johannes Mayer, erschienen bei Mediscript in München: ca. 250 Seiten Formeln, Fakten, Begriffe, Tabellen und knappste Zusammenstellungen in schwarz-weiß, systematisch aneinandergereiht.

In diesem Fall ist die Frage nach dem WARUM von Merkhilfen offenbar geklärt: Es droht eine Prüfung, und diese ist, je nach Ergebnis, mit mehr oder weniger erfreulichen Konsequenzen verbunden. Damit wird die Frage nach dem WIE aktuell: Dies alles wenigstens vorübergehend parat zu haben, bedeutet, Zeit und Aufwand möglichst gering zu halten, Vereinfachungen zu suchen, Schubladen mit Etiketten zu versehen und diese zuerst einmal zu erfinden.

Der Studierende und Lernende wird rasch zwei Arten von Tatbeständen unterscheiden lernen. Einmal gibt es Fakten, Formeln und Begriffe, die sich ihm recht mühelos erschließen und die er auch gut behält; dann wird er auf Stoff stoßen, der Probleme bereitet, einfach nicht »hängenbleiben« will, erneutes Bemühen verlangt. Hier setzt das Basteln von Merkhilfen ein, und das soll an Beispielen einmal nachgezeichnet werden; etwas genauere Erläuterungen werden dabei jeweils in eckige Klammern gesetzt.

Da gibt es die Eiweißsynthese und die Frage, wie sich die Informationen der DNA [vier Basen – Thymin, Adenin, Cytosin, Guanin –] in Proteine übersetzen. Dies geschieht in einer Abfolge von Einzelschritten, die der Studierende wissen sollte. Dabei stellt er eigene Merkhilfen her, und das geht etwa folgendermaßen: Im Zellkern findet die Transkription statt [bei der die Informationen der DNA mit leichten Modifikationen – Uracil statt Thymin – auf eine m-RNA (= messenger, also etwa »Nachrichtenübermittler«) übersetzt werden]. Durch Kernporen tritt diese m-RNA gewissermaßen als Kopiervorlage in das Zystol [der Teil der Zelle, der den Kern umgibt], wo die Translation vonstatten geht [das ist der Prozess, in dem die Information der m-RNA in Aminosäurenketten übersetzt wird, deren Sequenz wiederum das Protein ergibt]. Bis zu diesem Punkt wird als geradezu klassische Technik von Merkhilfen das Vorkommen gleicher Buchstaben genutzt – das »r« in »Kern« und in »Transkription« und das »l« ins »Zystol« und »Translation«.

Die Translation erfolgt in drei Schritten: Auf die Initiation (»Anfang«) folgt die Elongation (»Verlängerung«) und schließlich die Termination (»Beendigung«). [Kurz gesagt geschieht Folgendes: Ein Ribosom lagert sich an die m-RNA und »holt« sich eine Starter-Aminosäure; der Komplex ist »startklar« (Initiation); dieser »liest« gleichsam die Informationen des m-RNA ab und baut Aminosäuren-Ketten (Elongation); schließlich findet er ein Stopp-Signal, die Proteinsynthese kommt zu einem Ende (Termination); die aus Aminosäuren gebildete Kette löst sich vom Ribosom und ist als funktionsfähiges Protein in der Zelle verfügbar.] Um sich die Schritte der Translation zu merken, bildet der Studierende ein Kunstwort aus den Anfangsbuchstaben der einzelnen Schritte, in diesem Fall »INELTER«. Auf den ersten Blick wirkt das vielleicht nicht sehr überzeugend und hilfreich, doch: Der Studierende befasst sich überaus gerne passiv (hörend) und aktiv (komponierend, textend, spielend und singend) mit Pop-Musik, und für ihn stellt sich eine klangliche Assoziation mit dem Titel »Gimme Shelter« der Rolling Stones ein, den er gut kennt. Das heißt jedoch, dass dieses Kunstwort für ihn aufgrund seiner Erfahrungen und seiner Vorlieben »sitzt«, eingebunden ist in einen verfügbaren und positiv besetzten Zusammenhang.

Weiter im gleichen Prozess der Transkription und Translation: Beide Prozesse können durch Stoffe gehemmt werden. Die Transkription kann gehindert werden durch Actinomycin, Mitomycin und Rifampycin – Merkhilfe: »Act mit riff«. Wieder spielt die Pop-Musik eine

Rolle; »act« nennt man einen Auftritt auf der Bühne, und mit »riff« bezeichnet man einen oder mehrere charakteristische Gitarrenakkorde in einem Song. Ein eher der bildenden Kunst zugewandter Studierender könnte sich vermutlich statt »Act mit riff« einen ganz anderen Satz viel besser merken, etwa »Miro« malt am River einen Act«; eigene Erfahrungen und Vorlieben spielen da wohl eine ganz erhebliche Rolle.

Die Translation wird gehindert durch Tetracyclin, Chloramphenicol, Streptomycin und Puromycin – als Merkhilfe wieder ein Kurzsatz: »Ted chloriert die Streptos pur«. Diesmal sind die Assoziationen etwas komplizierter zu rekonstruieren, doch nicht weniger bedeutungsvoll für den Lernenden: »chlorieren« bedeutet für ihn in diesem Zusammenhang »grün anmalen«, bei »Streptos« taucht das Bild von »Schlümpfen« (also Comic-Figuren) auf, die vorher nackt (= pur) sind und erst einmal mit Farbe versehen werden müssen.

Woher weiß der Studierende nun, welcher Satz zu welchem Prozess bzw. seiner Verhinderung gehört? In diesem Fall entscheidet eine rein quantitative Überlegung: Der Zellkern ist kleiner als das Zystol – ergo findet man im Zellkern weniger Hemmstoffe (3) als im Zystol (4). [Nachgetragen werden kann für den interessierten Leser noch, dass just diese Hemmstoffe dem Körper ab und an absichtlich in Form von Medikamenten zugeführt werden; nur nennt man diese dann Antibiotika.]

Stoffwechselprozesse greifen ineinander und bedingen sich; da bleibt nichts übrig; stellt sich also die Frage, was mit der m-RNS passiert, wenn sie einmal abgelesen ist, wie sie abgebaut wird. DNA, wie die Matrize m-RNA, besteht aus Pyrimidinen und Purinen; Pyrimidine werden abgebaut in ß-Alanin und Aminoisobutyrat und in dieser Form innerhalb und außerhalb der Zelle weiterverwendet. Die Merkhilfe dazu: »Pyralam«, wieder ein Kunstwort. Purine werden abgebaut in Harnsäure und ausgeschieden also: »Purer Harn«.

Noch einmal zu den Stoffwechselzusammenhängen: Wenn Purin vorkommt, dann muss es auch gebildet, synthetisiert werden; wie geschieht das? Mit der Assoziation »Eulenspiegel« und »Faxenmacher« und mit bescheidenen Kenntnissen des Italienischen formt sich folgende Merkhilfe heraus »Caspar di oro«; damit ist zusammengefasst, dass sich aus Carbamylphosphat und Asparaginsäure Dihydroorotsäure bildet und daraus dann Orotsäure – die ersten wichtigen Synthese-Schritte für Purin.

Ein gewaltiger Sprung: Auch ein Student bezieht ein gut Teil seiner Informationen aus der Tageszeitung; und gerade als er sich mit dem Gedanken befasste, ob er sich nicht die »Frankfurter Allgemeine Zeitung« (= FA oder FAZ) bestellen sollte, hatte er sich mit Störungen im Leberstoffwechsel auseinanderzusetzen. Kein Wunder, wenn bei der Gelegenheit folgende Merkhilfe zustande kam: »Viele Türen hüpfen hoch, meint auch Frankfurter Allgemeine«, oder übersetzt in eine andere Rechtschreibung: Phiele Tyren Hypfen Hoch Maint auch FA(Z). [Knapp erläutert: Phenylalanin, eine aromatische Aminosäure, deren erblich gestörter Abbau zu Albinismus und anderen Krankheiten führen kann, kommt in Stoffwechselprozessen der Leber vor. Der Abbau von Phenylalanin erfolgt in sechs Schritten, und die dabei anfallenden Stoffe sind über ihre Anfangsbuchstaben erfasst:

PHenylalanin,
TYRosin,
HYdroxiphenylpyruphat,
HOmogentisinsäure,
MAleylacetessigsäure, schließlich
Fumarsäure und
Acetessigsäure.]

Ersichtlich ist eine solche Merkhilfe nur für den tragfähig, der ansonsten die für diesen Zusammenhang wichtigen Begriffe und geltenden Regeln kennt; denn sonst käme er schwerlich auf die Idee, dass sich hinter Hüpfen bzw. Hypfen ein Wortungetüm wie Hydroxiphenylpyruphat verbirgt. Auffallend ist andererseits, wie locker und spielerisch mit Sprache umgegangen wird und wie sehr Gegebenheiten des alltäglichen Lebens eine Rolle spielen können.

DER SICHERE HALT:
BEZUGSSYSTEME UND KANÄLE

Wer sich schwer tut mit dem Gehen, der sucht nach einem sicheren Halt oder einer Hilfe, seien es nun Stöcke, Krücken oder gar ein Rollstuhl. Wer sich schwer tut mit dem Merken, der sucht ebenfalls nach einem sicheren Halt, nach Merk-Hilfen, und wenn es auf den ersten Blick auch die absonderlichsten Konstruktionen sein mögen.

Wie sehen nun diese Konstruktionen genauer aus, und wie funktionieren die genutzten Verfahren? Das, was jemand sich merken will / soll / muss, kann er sich offensichtlich so pur und ohne Beiwerk nicht merken. Dieser jemand ist kein unbeschriebenes Blatt, er kann und weiß schon viel und sicher. Also versucht er Beziehungen herzustellen zu dem, was er bereits kennt, kann, worüber er sicher verfügt: Er sucht nach einem Bezugssystem, mit dem er sich auskennt. Wenn er das gefunden hat, dann gilt es, Zuordnungen herzustellen zwischen dem, was er kennt, und dem, was er sich merken will: Er wirft den Anker auf sicheren Grund. Ein Beispiel dafür wäre das Ablegen von »Merk-Material« in einem bekannten Raum. Findet er kein ganzes System, dann müssen oft zufällig erscheinende Gegebenheiten einer Situation benutzt werden. Ein Beispiel dafür wären die Gleichklänge, die der Medizinstudent nutzt.

Dieses Prinzip – Suche nach Bezugssystem, Herstellung von Beziehungen, Einrichtung eines Hilfssystem – wiederholt sich und wird vielfältig abgewandelt. Dabei fallen zwei grundlegende Unterschiede der Methode auf: Merkhilfen und Merkverfahren.

Merkverfahren sind auf eine Vielzahl von Fällen (vielleicht sogar auf jeden Fall) anwendbar, weil das zu merkende Material immer dem gleichen Hilfssystem zugeordnet wird; und dieses Hilfssystem bleibt auf Dauer in einem einmal festgelegten Verhältnis zum Bezugssystem. Am Beispiel erläutert: Es werden den Zahlen 1 bis 10 immer die gleichen Bildzeichen zugeordnet, und diese Bildzeichen werden jeweils genutzt, um sich etwas zu merken, etwa indem man sich »Mini-Geschichten« ausdenkt. Der Vorteil liegt auf der Hand: Hat man sich das Hilfssystem erst einmal sicher eingeprägt, so ist es fast universell anwendbar. Als nachteilig könnte sich erweisen, dass man sehr verschiedenartiges Material dem gleichen Hilfssystem zuordnet und es dabei zu Störungen kommen kann. So kann man sich zwar beispielsweise Telefonnummern, Autonummern und Einkaufszettel mit Zahl-Bild-Zuordnungen einprägen; doch je mehr man dem gleichen Bild als Last zumutet, umso mehr besteht die Gefahr, dass sich die Zuordnungen von Telefonnummern, Autonummern und Einkaufszetteln untereinander vermischen – es kann zu Konfusionen kommen.

Merkhilfen sind nur auf bestimmte Fälle (meist sogar nur auf einen Fall) anwendbar, weil man sich auf das zu merkende Material einlässt und sich zu dessen Besonderheiten etwas ausdenkt, was einem beim Merken helfen kann. Man schlägt sozusagen einmalig eine Brücke zwischen Bezugssystem und Hilfssystem, nach dem Motto: In diesem Fall passt alles gut zusammen und beim nächsten Fall wird man sich wieder etwas einfallen lassen müssen. Insofern sind Merkhilfen genau und fruchtbar; denn da nur für einen Fall Zusammenhänge hergestellt werden, sind weniger Konfusionen zu befürchten. Die Wahrscheinlichkeit von Irritationen ist gering, es sei denn, man nützt sehr oft gleichartige Merkhilfen und beginnt nicht für jeden Fall eine neue Überlegung.

Bei dieser Art der Betrachtung wird erkennbar, was Eselsbrücken sind: Merkhilfen, die zumeist vorgefertigt sind, und deren Zustandekommen dem möglichen End-Abnehmer nicht immer zur Gänze erklärt werden – wenn man so will, Merkhilfen mit viel Tradition und wenig Reflexion. Damit ist gemeint, dass die meisten Eselsbrücken verbreitet und nicht spontan erfunden sind, es gibt wenig Einsichten in ihre Entstehung und viel Übung mit ihrer Verbreitung. Diese Einschätzung kann unter Umständen auch erklären, warum Eselsbrücken zwar häufig behalten werden, nicht jedoch die damit zu merkenden Tatbestände. Teilweise klärt sich so auch die Bildung von Varianten: Da in der Vermittlung der »fast food«-Ansatz vorherrscht, ist einerseits mit Missverständnissen zu rechnen, andererseits mit zusätzlichen Versuchen, sich individuell zu vergegenwärtigen, was, wie und warum zu merken ist.

Zudem wird auffallen, dass man es mit drei verschiedenen Arten von Zuordnungen zu tun hat:

- Einmal gibt es Zuordnungen, die doch recht individuell gestaltet sind und fast freie Auswahl bedeuten, Reim und Rhythmus etwa.
- Dann findet man Zuordnungen, die durchaus überindividuell, intersubjektiv (zumindest für einen bestimmten Sprach- und Kulturraum) tragfähig sind, formale und klangliche Ähnlichkeiten etwa, die motiviert erscheinen.
- Schließlich sind Zuordnungen feststellbar, die eine seltsame Form von Objektivität darstellen: Es sind schiere Festlegungen (Konventionen), die man akzeptieren kann oder nicht, etwa die Festlegungen, ein »r« mit »·«, ein »t« hingegen mit »–« gleichzusetzen.

Diese Unterscheidung kann hilfreich sein, wenn man sich überlegt, welche Form der Merkhilfe bzw. des Merkverfahrens bei einem bestimmten Publikum »ankommt«. Doch decken diese Beobachtungen nur einen geringen Teil dessen ab, der von Bedeutung ist. Denn hinzukommt, dass die Menschen unterschiedlich sind und dementsprechend unterschiedliche Vorlieben und Fähigkeiten haben: Sie nehmen auf verschiedenen Kanälen wahr, verarbeiten auf verschiedenen Kanälen und haben ihren besten »Output« auf verschiedenen Kanälen. Üblicherweise unterscheidet man drei solcher Kanäle:

– Der bekannteste und vielleicht am meisten bewusst genutzte Kanal dürfte der optische sein: Das, was man mit den Augen wahrnimmt, gilt in unseren Breiten noch am ehesten als wahr, richtig und zutreffend.
– Der zweite, auditive Kanal erfreut sich nicht ganz dieser Wertschätzung, wenn auch in letzter Zeit einige ernst zu nehmende Korrekturen angebracht worden sind: Das, was man hört, unterliegt in unseren Breiten gerne der Einschätzung, es sei nur vom »Hören-Sagen« und wird mitunter misstrauisch beäugt.
– Schließlich gibt es einen dritten Kanal, der im Grund ein Mischmasch unterscheidbarer Sinnesleistungen darstellt und der unter verschiedenen Bezeichnungen firmiert. Akzeptiert man die Bezeichnung »kinästhetisch«, dann kann man geruchsmäßige, geschmacksmäßige Eindrücke sowie Eindrücke des Tastens, Handelns und Empfindens zusammenfassen.

Jeder Mensch benützt bei der Aufnahme, Verarbeitung und Wiedergabe von Informationen einen oder mehrere dieser Kanäle in sich stimmig oder widersprüchlich. So weit ist das klar. Nur zumeist wird man sich dessen nicht so recht bewusst. Das kann dazu führen, dass Menschen, selbst wenn sie ganz andere Schwerpunkte haben, versuchen, ihre Probleme im visuellen Bereich zu lösen. Und das ist sicher kein erfolgversprechender Ansatz. Um nun selber einmal zu überprüfen, wo die eigenen Vorlieben und Stärken liegen, ein kleiner, einfacher Versuch, bei dem es nicht darauf ankommt »gut« zu sein, sondern sich selbst und / oder seine Mitmenschen im Hinblick auf die bevorzugten Kanäle etwas genauer kennenzulernen: Es geht darum, sich die nachfolgende Zuordnung von Wörtern zu Zahlen genau einzuprägen;

ein Zeitlimit gibt es dafür nicht. Genau eingeprägt sind diese Zuordnungen, wenn man auf die Frage »9« sicher »Nixe« anzugeben weiß und auf die Frage »Nixe« sicher die »9«. Das kann man für sich allein einmal versuchen, das Spiel kann man auch gemeinsam mit Freunden und Bekannten spielen, indem man sich einen solchen Zettel schreibt und ihn zum Merken vorlegt.

Nixe	– 9
Frau	– 5
Mond	– 1
Liebe	– 7
Bad	– 3

Das »Versuchsmaterial« ist absichtlich sehr einfach gehalten; denn das Einprägen ist lediglich ein Teil des Versuchs. Mindestens genauso wichtig ist es in diesem Fall, sich zu vergegenwärtigen, wie man diese Zahlen und Wörter einander zuordnet, damit sie stabile und abfragbare Einheiten bilden. Und für diese Fragestellung ist es ergiebiger, wenn man den Versuch nicht allein durchführt, sondern gemeinsam und dann die genutzten Merkhilfen bzw. -verfahren daraufhin überprüft, welche Kanäle vorwiegend genutzt wurden.

Ich habe dieses Spiel mit Bekannten häufiger gespielt und dabei viele verschiedene Beispiele dafür kennengelernt, wie Menschen diese Zuordnungen herstellen. Hier einige Beispiele:

a. Nutzung des Zahl-Bild-Verfahrens (vgl. S. 22 f): Der Mond hat eine Kerze auf dem Kopf, mit dem Dreizack zieht man den Stöpsel aus der Badewanne, die Frau hat eine Hand, das Zeichen der Liebe ist eine Fahne mit einem Herz, die Nixe raucht ein Pfeifchen.

b. Geschichte zusammenstellen: Wenn der Mond scheint, nehme ich ein Bad; wenn ich ein Bad genommen habe, nehme ich mir eine Frau; wenn ich eine Frau habe, mache ich Liebe; wie lieben Nixen?

c. Suche nach Ähnlichkeiten: Mond – das M sieht aus wie eine gespiegelte 1, Montag ist der erste Wochentag; Bad – drei Buchstaben, B enthält die 3 als Form; Frau – gleicher Anfangsbuchstabe wie fünf; Liebe – Anfangsbuchstabe ähnelt einer um 180° gedrehten 7; Nixe – IX ist die lateinische 9.

d. Vertonung nach der Melodie »Alle meine Entchen«: Mond, Bad, Frau und Liebe, Nixen auf dem See …

e. Farbfolge und -kontrast: Gelb – weiß – rosa – rot – grün wird den Wörtern in der Abfolge 1 – 3 – 5 – 7 – 9 zugeordnet.

f. Anfangsbuchstaben: In der Reihenfolge 9 – 7 – 5 – 3 – 1 NILIFBAMO – umgesetzt in einen Merksatz – »Nie lief Bamo«; in der Reihenfolge 1 – 3 – 5 – 7 – 9 MOBFLIENI umgesetzt in einen Merksatz – »Mob, flieh nie!«

g. Positionen: Anfang und Ende werden »einfach so« gemerkt (Mond und Nixe), im Zentrum steht die Frau, Bad und Liebe gehören »irgendwie« zusammen und füllen die Lücken.

Erkennbar ist eine Vielzahl von Möglichkeiten, erkennbar ist auch eine Freude am spielerischen Moment, und nicht immer ist es ganz leicht, die Zuordnung von Kanälen eindeutig vorzunehmen. Es geht jedoch in diesem Fall auch nicht um eine wissenschaftliche Untersuchung, sondern vielmehr darum, auf diese Kanäle aufmerksam zu machen. Jeder wird für sich Schwerpunkte, Stärken und Vorlieben entdecken, wenn er sich häufiger die Frage stellt: Wie habe ich mir das gemerkt?

Eine abschließende Bemerkung noch: Das Wort »Bezugssystem« legt den Gedanken nahe, jeweils nach einem ganzen »System« zu suchen, mit dem das »Merk-Material« gleichmäßig und ohne Ansehen seiner Besonderheiten verarbeitet wird. Das kann so sein und ist etwa in den Beispielen a und d der Fall. Das muss aber nicht so sein; denn vielfach vermischen sich Vorgehensweisen und genutzte Kanäle, etwa indem einiges aus dem Beispiel g mit einigem aus Beispiel c kombiniert wird.

Im übrigen klärt sich hier das Lächeln, das sich bei manchem Profi einstellt, wenn er erfährt, auf welch krausen Wegen sich mancher Laie sein Wissen abzusichern versucht: Der Profi hat sein Wissen in »seinem« (wissenschaftlichen, technischen oder handwerklichen) Bezugssystem untergebracht und folgt dabei ganz bestimmten Regeln. So gilt das Wissen für ihn und so merkt er sich, was er sich zu merken hat. Andere Versuche, sich das gleich zu merken, nimmt er in aller Regel nicht so ernst. Das ist sozusagen die »offizielle« Version. Erst die »inoffizielle« Version würde klären, wie sich Profis wirklich etwas merken; denn nicht alle Profis sind Gedächtniskünstler, und für vieles, was sie nicht alltäglich parat haben müssen, haben auch Profis »Hilfskonstruktionen«, die sich bevorzugter Kanäle bedienen und die nicht immer voll bewusst gemacht werden. Letzten Endes hat es der Laie leichter; denn niemand zwingt ihn, sich auf ein vorgegebenes Bezugssystem notwendigerweise einzulassen. Er kann je nach Vorliebe und Gelegenheit wechselnde Bezugssysteme nutzen, er muss dann eben das Lächeln in Kauf nehmen.

So weit zur Frage des »do it yourself« beim Merken und Behalten; das nächste Kapitel befasst sich ausführlich mit dem »fast food«-Material, das immer wieder angeboten wird: Eselsbrücken.

Eselsbrücken sind Merkhilfen

Eselsbrücken, so hat das vorangegangene Kapitel geklärt, sind keine Merkverfahren, die sich prinzipiell und gleichmäßig anwenden lassen, sondern Merkhilfen, die nur auf bestimmte Fälle (meist sogar nur auf einen Fall) anwendbar sind, weil man sich gezielt auf das zu merkende Material einlässt. Das wurde präzisiert: Eselsbrücken sind Merkhilfen, die zumeist vorgefertigt sind, und deren Zustandekommen dem möglichen End-Abnehmer nicht immer zur Gänze erklärt werden – wenn man so will, Merkhilfen mit viel Tradition und wenig Reflexion. Damit ist gemeint, dass die meisten Eselsbrücken verbreitet und nicht spontan erfunden sind, es gibt wenig Einsichten in ihre Entstehung und viel Übung mit ihrer Verbreitung. Auffallend ist, dass es bislang kaum eine gedruckte Sammlung von Eselsbrücken gibt, wie sie in diesem Kapitel vorgestellt wird. Dabei kann es darum gehen, solche Eselsbrücken einfach zu übernehmen und zu nutzen. Eine solche Sammlung kann jedoch auch unter einem ganz anderen Gesichtspunkt interessant sein: Sie kann als Sammlung von möglichen Vorlagen für den Bau eigener Eselsbrücken dienen. Dies will ich ausdrücklich betonen: Neben der Möglichkeit einer schlichten Übernahme (ich habe das den »fast food«-Aspekt genannt) besteht immer auch die Möglichkeit, selbst aktiv und kreativ zu werden (ich habe das den »do it yourself«-Aspekt genannt). Deswegen stelle ich der Sammlung wenigstens einige ausgesuchte Beispiele voraus, die die Fülle an Techniken, Bezugssystemen und genutzten Kanälen andeuten können:

Gleiche Buchstaben:
»Seit« und »Zeit« haben beide ein »t« am Ende, »also« besteht da ein Zusammenhang; deswegen darf man bei Zeitangaben nicht »seid« schreiben.

Reim und Rhythmus:
Drei-Drei-Drei:
bei Issos Keilerei!

Anfangsbuchstaben:
Nie Ohne Seife Waschen – Die Anfangsbuchstaben dieses Merksatzes geben die Himmelsrichtungen so an, wie sie im Uhrzeigersinn auf der Windrose (und auf einer eingenordeten Karte) zu finden sind.

Wort im Wort:
In »parallel« findet man das Wort »alle«, damit ist geklärt, an welcher Stelle das »ll« geschrieben werden muss.

Formale Ähnlichkeiten:
Das Vorfahrtsschild (»Vorfahrt gewähren«) – ein auf die Spitze gestelltes Dreieck gleicht einem V wie im Wort Vorfahrt; das Achtungsschild (alle sog. »Gefahrzeichen«) – ein auf einer Seite stehendes Dreieck – gleicht dem A im Wort Achtung.

Kunstworte:
EDEKA – dieses Wort fasst alle Vitamine zusammen, die fettlöslich sind: A, D, E, K.

Skizzen:
Italien gleicht einem Stiefel.
Das biologische Zeichen für »weiblich« gleicht einem Spiegel.
Stalagmiten »wachsen« von »unten« nach »oben«, und zwei nebeneinander gleichen einem M.

Räumliche Zusammenhänge:
Das englische Wort »since« bezieht sich auf einen Zeitpunkt (wie der Punkt auf dem i), das Wort »for« hingegen bezieht sich auf einen Zeitraum (wie der Raum im o).

Sprachspiele:
choose chooses an o
lose loses an o

übersetzt: wählen wählt ein o, verlieren verliert ein o, dies zur Klärung der unterschiedlichen Schreibweise bei gleichem Klang.

Körpergefühl:
Ein Steak ist noch blutig, wenn es sich anfühlt wie die eigene Wange, es ist medium, wenn es sich anfühlt wie die eigene Nasenspitze, und es ist durch, wenn es sich fest anfühlt wie das eigene Kinn.

Man findet auch Beispiele, die gesungen werden können (Anordnung der Bücher in der Bibel), oder welche, die die Hand zur Orientierung nutzen (Anzahl der Tage pro Monat). Es gibt auch Beispiele, die Bewegungen und das Hören als entsprechende Merkhilfen nutzen.
Nachfolgend wird eine Sammlung von fast 400 Eselsbrücken vorgestellt. Diese habe ich teilweise direkt gesammelt und teilweise durch Auswertung vorliegender Literatur ermittelt. Diese Eselsbrücken sind durchnummeriert und in 12 Sachbereiche aufgegliedert:

1. Sprache
2. Fremdsprachen
3. Kunst, Musik, Kultur
4. Wirtschaft und Soziales
5. Mathematik
6. Biologie und Medizin
7. Chemie und Physik
8. Straße und Verkehr
9. Handwerk und Technik
10. Geografie
11. Geschichte
12. Vermischtes

Neben Skizzen und Illustrationen ist die Mehrzahl der Eselsbrücken mit Anmerkungen versehen, die zu erklären versuchen und teilweise auch Beispiele vorstellen. Wo sich beim Sammeln Varianten ergeben haben, da sind diese auch wiedergegeben. Ein Stichwortverzeichnis, das helfen soll, sich in dieser Sammlung zurechtzufinden und möglichst einfach bestimmte Eselsbrücken aufzufinden, findet man im Anhang (S. 147 ff).

SPRACHE

Rechtschreibung einzelner Wörter

1 Auf einmal

»auf einmal« schreibt man zweimal

In dieser verkürzten Formulierung soll deutlich werden, dass »auf einmal« getrennt geschrieben wird.

2 Gar nicht

»gar nicht« schreibt man
gar nicht zusammen.

3 Das / Dass

Das »s« bei »das« muss »einfach« bleiben,
kannst du dafür »dieses« / »welches« schreiben.

Dies ist nicht gerade ein rhythmisches Prunkstück, bietet jedoch mehr Hilfe als die weitverbreitete und unzutreffende Meinung, vor einem »dass« müsste ein Komma stehen. Denn bei jedem Relativsatz, der mit »das« eingeleitet wird, findet man das Komma vor dem »das«, Beispiel: Das Haus, das am Berg steht, hat ein rotes Dach.

Schwäbische Variante 1:
    Ist »das« gleich »dees«,
    dann nur mit »s«.

Schwäbische Variante 2:
    Kannst statt »das« du sagen »dees«,
    wird's geschrieben nur mit »s«.

Allerdings scheitert der Dialektsprecher mit dieser Probe an Relativsätzen, bei denen meist »wo« oder »mo« genutzt wird. Auf schwäbisch hieße der Beispielsatz dann: »Des Haus, mo em Berg schtoht, hot e rots Dach.« Insofern sind diese Varianten mit Vorsicht zu genießen.

4 Lärche oder Lerche

Lerche wie Vogel mit »e«
Lärchen wie Bäume mit »ä«

Die zweite Zeile ist in diesem Fall nicht unbedingt nötig.

Variante:

Die »ä«-Striche erinnern an die Nadeln der Lärche.

5 Maschine / Schiene

Auf der Schiene fahren elektrische Züge.

Fast alle gebräuchlichen Wörter, bei denen man ein »-ine« hört, werden nur mit »i« geschrieben. Neben »Schiene« wäre noch »Miene« als Ausnahme zu merken.

Variante:

Die Miene findet man im Gesicht.

6 Doof

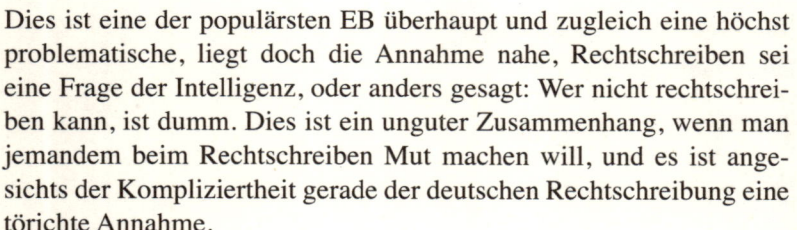

Mit dieser Skizze kann man sich
die Schreibung des Wortes »doof« merken.

7 Nämlich

Wer »nämlich«
mit »h« schreibt
ist dämlich.

Dies ist eine der populärsten EB überhaupt und zugleich eine höchst problematische, liegt doch die Annahme nahe, Rechtschreiben sei eine Frage der Intelligenz, oder anders gesagt: Wer nicht rechtschreiben kann, ist dumm. Dies ist ein unguter Zusammenhang, wenn man jemandem beim Rechtschreiben Mut machen will, und es ist angesichts der Kompliziertheit gerade der deutschen Rechtschreibung eine törichte Annahme.

Variante:

»nämlich« kommt von »Name« her,
drum ohne »h« – das ist nicht schwer.

8   Parallel

par [alle] l

Dass »parallel« mit Doppel-L geschrieben wird, ist meist klar; unklar ist hingegen häufig, wo dieses Doppel-L zu platzieren ist.

Variante:

Wem die optische Abstützung mit dem »alle«-Kasten nicht hinreicht, der kann sich dazu auch noch einen Reim ausdenken, etwa:

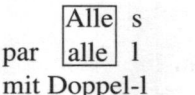

9   Seit / seid

»seit« wie »Zeit« mit »t«,
»seid« wie »sind« mit »d«.

Hier reichte auch die erste Zeile. Ordnet man Beispielsätze zu, dann wird diese EB verständlicher: »Seit wann?« – »Ihr seid da und wir sind hier«; man kann es auch zu einer »Prüffrage« zusammenziehen: »Seit wann seid ihr da?«

10   Standard

Standard ist keine Lebensart.

Problem in diesem Fall: Üblicherweise werden Zusammenhänge über die Ähnlichkeit von Buchstaben und nicht deren Unterschiede hergestellt. Man könnte beispielsweise das Verb heranziehen, um mit Ähnlichkeiten zu arbeiten: Standard – standardisieren. »Standart« wäre hingegen eine Art zu stehen, ein verwandtes Wort wäre »Standarte«.

Variante:

Standard – keine Art!

11   Stets

»stets« schreibt man stets von vorn und hinten gleich

Vom Klang her sind Verwechslungen mit »Wie steht's?« möglich; in diesem Fall wird man jeweils nach dem versteckten »es« suchen müssen: »Wie steht es?«

Rechtschreibregeln

12 Doppel-S

Doppel-S, das weiß ich jetzt,
wird nur nach kurzem Vokal gesetzt.

Nach der neuen Rechtschreibung wird »ss« nur nach kurzem Vokal genutzt. Das gilt im Wort und am Wortende.

13 Mitlautverdoppelung

Vor Doppelmitlaut allemal
wird kurz gesprochen der Vokal.

Vor einem doppelten Mitlaut (Konsonant) ist im Deutschen immer ein kurzer Selbstlaut (Vokal) zu finden. Beispiel: »Mittel« vor dem doppelten »t« ein kurzes »i«. Dabei ist die Unterscheidung von kurz und lang häufig nicht gar so einfach.

Variante 1:
Ein kurzer Selbstlaut – das macht Sinn –
stellt sich vor den Doppelmitlaut hin!

Variante 2:
Doppelter Mitlaut im Ohr?
Kurzer Selbstlaut davor!

Variante 3:
Kurz muss jeder Selbstlaut sein,
folgt ein Doppelmitlaut hinterdrein.

Variante 4:

    Diese EB macht einige andere überflüssig, wie z. B.

    Nach 1, m, n, r, das merke ja,

    folgt nie »tz« und nie »ck«!

    Und weiter merke dir genau:

    nur »k« und »z« nach ei (ai), eu (äu), au!

Überflüssig ist diese Merkhilfe, wenn man sich klarmacht, dass »tz« und »ck« praktisch wie Doppelmitlaute behandelt werden (als Ersatz für »zz« und »kk«, die nur in Fremdwörtern vorkommen). Zu vergegenwärtigen hat man sich auch, dass die Zwielaute (Diphtonge) au, ei, ai, eu, äu immer lang gesprochen werden.

Variante 5:

    Vor 1, n, m, r, das merke ja,

    erscheint sehr oft ein Dehnungs-H.

Der Ansatz vom Dehnungszeichen her ist problematisch wegen der vagen Formulierung »sehr oft«. Hinzu kommt die Schwierigkeit zu erklären, was ein Dehnungs-H ist.

14 Substantivierung von Verben

    Nach das und im, vom, am, beim, zum

    wird groß geschrieben das Verbum.

Verben (Zeitwörter) werden, wenn sie als Substantive (Hauptwörter) genutzt werden, zumeist mit einem Artikel (Begleiter) »angesprochen«; Beispiel: Das Wandern ist des Müllers Lust. Diese EB ruft in diesem Zusammenhang auch eine ganze Reihe von »heimlichen« Artikeln ins Bewusstsein: im = in dem, vom = von dem, am = an dem, beim = bei dem, zum = zu dem. Häufig anzutreffen sind solche substantivierten (nominalisierten) Verben bei Verbots- und Gebotstafeln und im Amtsdeutsch (= Sprache der Eingeborenen im Paragrafendschungel): »Betreten verboten« oder »Schwimmen verboten«. Soweit diese Verben dann am Anfang stehen, ist das kaum mit Rechtschreibproblemen verbunden; denn da schreibt man diese Wörter ohnehin groß.

Wortbausteine

15 »Vor-« und »ver-«

»Vor-« und »ver-«
schreibt jeder Herr
und jede Frau
mit Vogel-Vau.

Vor allem bei »ver- / Ver-« kommt es immer wieder zu Verwechslungen. Deswegen sollten in diesem Fall die wenigen Wörter ins Gedächtnis gerufen werden, die mit »fer-« bzw. »Fer-« beginnen. Es sind dies: Ferkel, Ferien, fertig, Ferse, Ferment und alle Zusammensetzungen mit »fern-« und »Fern-«. Allerdings braucht man sich diese »Ausnahmen« nur dann einzuprägen, wenn nicht klar ist, was Vorsilbe (Präfix) und Stamm ist.

16 Verkleinerungsformen

»-chen« und »-lein«
machen alle Dinge klein.

Eine EB, die fast immer trägt und in den ersten Klassen der Grundschule auch dazu dienen kann, Substantive zu erkennen: Kann man ein »-chen« oder »-lein« an ein Wort anhängen, dann ist es sicher ein Substantiv. Dies ist allerdings nur bei Konkreta (Dinge, Tiere, Pflanzen) möglich. Anzutreffen ist auch die Verkleinerungsform mit »-le«. Substantive, die die Endungen der nachfolgenden EB aufweisen, lassen sich so nicht »verkleinern«.

17 Substantivendungen

-schaft, -ung, -heit,
-turn, -nis, -keit:
Substantive jederzeit!

Diese EB fasst wichtige und verbreitete Substantivendungen zusammen, bietet allerdings nur eine Auswahl (im Duden findet man über 60

56

Substantivendungen). Verwendbar ist diese Brücke, wenn geklärt ist, dass jeweils die Endung in der Grundform tatsächlich am Ende steht. Beispiel: »gesundheitlich« ist ein Adjektiv, weil die Adjektivendung »-lich« am Ende steht; die Substantivendung »-heit« wird hier lediglich als Wortbaustein genutzt. »Ereignisse« ist ein Substantiv, weil man in der Grundform »Ereignis« die Endung »-nis« tatsächlich am Ende des Worts findet.

Variante:

-heit und -keit und -ung und -schaft,
-turn und -nis und -chen und -lein
schreibt man groß und niemals klein.

18 Adjektivendungen

Bei -ig, -sam, -los, -lich,
-isch, -voll, -bar:
Adjektive, das ist klar!

Mit diesen Endungen lassen sich Adjektive bestimmen. Es gibt eine Reihe von Ausnahmen bei »-ig« (Honig, Käfig, König, Essig, Pfennig, Zeisig) und bei »-bar« (Nachbar, Nachtbar, Bar). Wie bei den Substantivendungen (siehe dort) gilt auch hier, dass die Endung in der Grundform am Ende des Wortes stehen muss.

Zeichensetzung

19 Aufzählung

und / oder / wie
sowie / wie auch
sowohl – als auch
entweder – oder
weder – noch

Kein Komma steht, wenn die Glieder einer Aufzählung durch eines dieser Wörter verbunden sind.

20 Satzglieder

Kannst du sie nicht mit »und« verbinden,
so wirst du auch kein Komma finden.

Vermischtes

21 Wo

»Wo« hat nur den rechten Stand,
örtlich, zeitlich angewandt.

Bei Dialektsprechern kann es durchaus vorkommen, dass sie schreiben »Der Mann, wo da steht, macht einen freundlichen Eindruck« statt »Der Mann, der …«

22 Brauchen

Wer »brauchen« ohne »zu« gebraucht,
braucht »brauchen« gar nicht zu gebrauchen.

23 Scheinbar – anscheinend

Hat es den Anschein, kann's so sein.
Der Schein hingegen legt dich rein.

Beispiele für den »Schein, der trügt«, wären »scheintot«, »scheinheilig« oder »scheinbar«; bei »anscheinend« hingegen »kann's so sein«.

24 Adjektive mit Genitiv

Begierig, kundig, eingedenk,
teilhaftig, mächtig, voll ·
regieren all den Genitiv;
das zu wissen ist schon toll.

Wie der Genitiv (Wessen-Fall) überhaupt, so ist auch ein Großteil dieser Adjektive (Eigenschaftswörter) vom Aussterben bedroht. Der Sprachgebrauch ändert sich hier deutlich; zwar ist man unter Umständen noch »seiner Sinne mächtig« oder »voll des guten Weines«, manchmal aber bereits auch »voll mit Wein«.

25 A-B-C

A, B, C und D:
Auf der Wiese wächst der Klee.
E, F, G und H:
Viele Hasen sind schon da.
I, J, K und L:
Hasen fressen ziemlich schnell.
M, N, O und P:
Sie fressen auf den ganzen Klee.
Q, R, S und T:
Dann rennen sie zum blauen See.
U, V, W und X:
Auch beim Saufen sind sie fix.
Y und Z:
So werden Hasen fett.

Dies ist einer der ungezählten Versuche, die Buchstaben des deutschen Alphabets in Reimform zu bringen.

Variante 1:

A, B, C, D, E –
Mein Bauch tut mir so weh.
F, G, H, I, J, K –
Es zwickt mich hier und da.
L, M, N, O, P, Q –
Da rät ein Kakadu:
R, S, T, U, V, W –
Nimm Zwieback und trink Tee!
X, Y und Z –
Und leg dich schön ins Bett!

Variante 2:
Es wird auch versucht, die Buchstaben des Alphabets als Anfangsbuchstaben für Wörter zu nutzen, beispielsweise so (gefunden bei James Krüss, Mein Urgroßvater und ich):

Als Bauer Christoff Düwels-Eck
Fünf Gulden Hatte Im Jackett

Kam Leider Mit 'Ner Ollen Pistol
Quintilius Räuberrabenstätt,
Stahl Taler Und Verschied'nes Weg,
X, Y, Zett.

26 Vokale

Fünf Männlein kamen gesprungen,
Fünf Männlein haben gesungen.
Sie rufen uns laut und freudig zu:
»Wir heißen A, E, I, O und U!«

Hier werden die Vokale (Selbstlaute) in Reimform gebracht, damit man sie sich besser merken kann.

Variante:
Man kann die Vokale (Selbstlaute) auch als Anfangsbuchstaben für Wörter nutzen, um mit diesen Wörtern einen halbwegs vernünftigen Satz zu bilden, beispielsweise so:

»Annas Esel Ist Ohne Unterhosen«, »Abends Esse Ich Oft Unmengen« oder »Alle Essen Immer Ohne Uns«. Kehrt man die Reihenfolge der Vokale um, dann wäre etwa folgender Satz möglich »Unser Otto Ist Ein Ass«.

27 W-Fragen

Die wichtigen Fragen findest du
mit W plus A, E, I, O, U.

So soll man sich die wichtigsten W-Fragen einprägen:

WA: Was? Wann?
WE: Wer?
WI: Wie?
WO: Wo?
WU: Unter welchen Umständen? Warum?

28 Gliederung

Gib zuerst das Thema an,
die Erklärung folge dann.
Weiter muss man gut erfinden
und den Gegensatz erfinden.
Ein Vergleich erfolgt im Nu,
und das Beispiel kommt dazu.
Mit dem Zeugnis wird belegt,
dass zum Schluss sich Beifall regt.

Diese Gesichtspunkte zur Gliederung einer Rede stammen aus der Antike; doch auch in der Neuzeit dürften sie zur Gliederung und Einteilung von Aufsätzen nützlich sein.

29 Kasus

Der 1. Fall antwortet auf die Frage »Wer?« (Diese Frage enthält den Buchstaben »r«, bei dem nur ein Strich nach unten zeigt)
Der 2. Fall antwortet auf die Frage »Wessen?« (Diese Frage enthält zwei s; die Bezeichnung »Genitiv« enthält den Buchstaben »n«, der mit zwei Strichen nach unten zeigt)
Der 3. Fall antwortet auf die Frage »Wem?« (Der Buchstabe »m« zeigt mit drei Strichen nach unten)
Der 4. Fall bleibt mit der Frage »Wen?« gewissermaßen als Rest übrig.

30 Wortarten

V	= Verb	Verkaufe
A	= Adjektiv	alte
S	= Substantiv	Socken,
E	= Eigenname	Emil.

Vorne steht senkrecht das Merkwort, zusammengesetzt aus den Anfangsbuchstaben der wichtigsten Wortarten: V, A, S, E. In der zweiten Spalte findet man die entsprechenden Bezeichnungen: Verb, Adjektiv, Substantiv, Eigenname. Und in der dritten Spalte ist ein Merksatz untergebracht, der die gleichen Anfangsbuchstaben nutzt, also V = Verb = Verkaufe, A = Adjektiv = alte, S = Substantiv = Socken, E = Eigenname = Emil. Die nachfolgenden Varianten folgen dem gleichen Prinzip, nur werden die im Deutschen gängigen Bezeichnungen genutzt.

Variante 1:

Z	= Zeitwort	Züchte
E	= Eigenschaftswort	echte
H	= Hauptwort	Hechte,
E	= Eigenname	Erich.

Variante 2:

T	= Tunwort	Trage
W	= Wiewort	wertvollen
E	= Eigenname	Eugen-
N	= Namenwort	Namen

31 Bibliografie

AUTAU mit VAU und JAU

Diese scheinbaren Jaul-Laute sollen Hilfe für die Vorstellung von Büchern geben. »Übersetzung«:

AU	= Autor
T	= Titel des Buches
AU	= Ausstattung, Umfang, Seitenzahl
V	= Verlagsort und -name
AU	= Auflage(n)
JAU	= Jahr der vorliegenden Auflage

FREMDSPRACHEN

Englisch

32 Since / for

Since = seit, drückt einen Zeitpunkt aus → Punkt auf »i«
For = seit, drückt einen Zeitraum aus → Raum im »o«

Beispielsweise heißt es »He has been in Britain since the last war«,
aber »He has been in Britain for a long time«.

33 Sometimes, always, never, just

Sometimes, always, never, just
stets nur vor das Zeitwort passt.

Es muss also heißen »He always tries to get out of this« oder »You just
should use mnemotechnics«.

34 Yesterday, tomorrow

yesterday = gestern
tomorrow = morgen

Das Vorkommen gleicher Buchstaben – ein Hinweis auch darauf, wie
verwandt die Sprachen sind – wird hier als Merkhilfe genutzt.

35 Spelling

A Rat In Tom's House Might Eat Tom's Ice Cream
George Elliot's Old Grandfather Rode A Pig Home Yesterday

Zwei Sätze, mit denen sich Kinder in England und Amerika die Rechtschreibung von »arithmetic« und »geography« merken sollen; genutzt
werden jeweils die Anfangsbuchstaben der Wörter.

36 Who / Which

> wh<u>o</u> = Pers<u>o</u>n
> wh<u>i</u>ch = T<u>i</u>er, D<u>i</u>ng

Über das Vorkommen der gleichen Buchstaben versucht diese EB den korrekten Gebrauch der Relativ- bzw. Fragepronomen »who« und »which« zu erleichtern. Beispiel »The man who ...« oder »The box which ...«

37 Holiday / necessary

> hol<u>i</u>da<u>y</u> ne<u>c</u>e<u>ss</u>ary

Die Reihenfolge der Buchstaben im Alphabet dient hier als Orientierung, um eine korrekte Schreibung zu erleichtern: Im Wort »holiday« kommt – wie im Alphabet – erst das »i«, dann das »y«; im Wort »necessary« folgt auf das eine »c« das »ss«.

38 Born / borne

> »I was born« schreibt man ohne »e«,
> weil man nackt auf die Welt kommt.

Die Grundidee ist, dass »born« im Verhältnis zu »borne« wegen des fehlenden »e« nackt wirkt.

39 Lose, choose

> »Choose« chooses an o,
> »lose« loses an o.

Übersetzt: »wählen« wählt ein o, »verlieren« verliert ein o. Man soll sich so einprägen, dass »choose« und »lose« bei gleichem Klang verschieden geschrieben werden.

40 He, she, it

> Bei »he«, »she«, »it«:
> Das s nimm mit!

Bei »he«, »she« und »it« wird an das nachfolgende Verb ein »s« angehängt. Also: »She drives a car«, nicht: »She drive a car«.

41 Konsonantenverdopplung

Nach KUBEIN«-Vokalen
Konsonantenverdoppelung!

KUBEIN ist die Abkürzung für »kurz, betont, einfach«. Und diese EB gilt beispielsweise für »stop, stopped«; die Ausnahme ist »bus«, Mehrzahl »buses«.

42 Past tense

With »yesterday«, »ago« and »last«
you should always use the past.

Die aufgeführten Signalworte verlangen jeweils nachfolgend »past«: »Yesterday I worked at home«.

43 Place and time

place before time

Im Englischen steht normalerweise Ortsangabe vor Zeitangabe, so wie das »p« vor dem »t« im Alphabet steht; beispielsweise sagt man »Yesterday I worked at home (place = Ortsangabe) in the afternoon (time = Zeitangabe)« und nicht »Yesterday I worked in the afternoon at home«.

44 Who – where

The question »who?«
the answer »you«.
The question »where?«
the answer »there«.

45 Adjektive, Steigerung

ow, das y ist leer!

Adjektive mit den Endungen -ow, -y, -le und -er werden germanisch gesteigert, d. h. die Endungen -er und -est werden angehängt; beispielsweise heißt es »slow, slower, slowest« (nicht »slow, more slow, most slow«), »crazy, crazier, craziest« oder »simple, simpler, simplest«.

46 SPOrt

SPOrt

Üblicherweise sind die Satzglieder im Englischen so angeordnet:

S = Subjekt
P = Prädikat
Ort = Objekt

Im Deutschen muss das nicht so sein. Während man im Deutschen sagen kann »Ich liebe sie« oder »Sie liebe ich« oder (in Form einer Frage) »Liebe ich sie?«, kann man im Englischen nur sagen »I love her« und nicht »Her love I« oder »Love I her?«. Und das Merkwort SPOrt bringt die Anfangsbuchstaben der Satzglieder in die richtige Reihenfolge.

47 Become / get

When do I become a beefsteak?
– I hope never, Sir.

Dies ist eher ein Kurzwitz als eine EB. Es geht darum, dass Deutsche gerne das englische »to become« wie das deutsche »bekommen« benutzen; die korrekte Übersetzung für »to become« wäre allerdings »werden«. Und damit spielt dieser Kurzdialog: »Wann werde ich zum Beefsteak werden?« – »Ich hoffe, das wird niemals der Fall sein, mein Herr.«

48 Laundry

Laundry ist die Wäsche, ein Seil is a rope,
Wash that means waschen, und Seife ist soap.
Collar means Kragen, ein Hemd ist a shirt,
Clean that means sauber, Schmutz that is dirt.
Iron means plätten, und trocken is dry,
Stockings are Strümpfe, und färben is dye.

Französisch

49 où

Auf dem »où« – gleich »Wo?«
sitzt ein kleiner Floh.

Mit Floh ist der Accent grave auf dem »ù« gemeint. Dies ist wichtig
zur Unterscheidung von »où« (wo?) und »ou« (oder).

Variante 1:
> Auf der Oder schwimmt kein Graf (grave).

Variante 2:
> Auf der Oder schwimmt kein Balken.

Variante 3:
> Auf der Oder schwimmt kein Kahn.

Variante 4:
> Auf dem »où« als »wo« sitzt ein kleiner Floh.

Variante 5:
> Der Accent grave steht »wo«?

Variante 6:
> »Où« gleich »wo« hat 'nen kleinen Floh.

50 Aussprache des »g«

Vor e und i sprich »sche« und »schi«,
vor a, o, u sprich »ga«, »go«, »gu«.

Beispielsweise heißt es »sch« (stimmhaft) bei »collège«, »girond«;
hingegen »g« bei »garçon«, »gourmet«, »Gustave«.

51 Toujours

Toujours a toujours un »s«.

Das End-»s« bei »toujours« wird oft vergessen.

52 Lui / leur (Stellung)

> Es gibt kein »lui le« und kein »leur le«;
> denn das tut weh dem Öhrle.

Bei der Stellung mehrerer, verbundener Personalpronomina im Französischen verdrängen die vollklingenden Dative »lui« und »leur« die Akkusative »le«, »la«, »les« von ihrer Stelle. So heißt es zum Beispiel »Il la lui donne« (Er gibt es ihr / ihm), aber »Il me la donne« (Er gibt es mir).

Variante 1:

> Es gibt kein »lui le« und kein »leur le«;
> das schreib dir hinters Öhrle.

Variante 2:

> Es gibt kein »lui le« und kein »leur le«;
> sonst gibt's was mit dem Röhrle.

Variante 3:

> Es gibt kein »lui le« und kein »leur le«;
> sonst gibt's eins hinters Öhrle.

53 Au / du

> Wer »à le« sagt und »de le«,
> hat Falsches in der Kehle.

Man sagt »La dame donne 5 € au monsieur« und »Une lettre vient du Portugal«.

Variante 1:

> Wer »à le« sagt und »de le«,
> der kriegt eins mit der Kelle.

Variante 2:

> Wer »à le« sagt und »de le«,
> der kriegt was mit der Elle.

54 Turc / grec

Griechenland hatte eine Maria Callas

Bei der Ableitung »turque« (fem.) von »turc« (masc.) geht das »c« verloren, während es von »grec« (masc.) nach »grecque« (fem.) erhalten bleibt – wie das große »C« der Callas.

55 Geschlecht

Männlich ist die Endung »age«,
ausgenommen sind image,
und la plage, la rage, la cage.
Feminina kennt man schon
an der Endung »eur« und »son«;
auch die Endung »ee« und »te«
meist als weiblich man anseh'.

56 Bœuf / vache

le bœuf – der Ochs,
la vache – die Kuh,
ferme la porte
die Tür mach zu.

57 Etes / sont

Ihr seid – vous êtes,
sie sind – ils sont,
der Kreis ist rund,
le cercle (est) rond.

58 a / à

A Paris, à Paris
sur mon petit cheval gris,
à Rouen, à Rouen
sur mon petit cheval blanc.

Es wird geklärt, dass das »à« häufig richtungsweisend eingesetzt wird; überdies soll der Gleichklang von »Rouen« und »blanc« geklärt werden.

59 Coucher / lever

Se coucher heißt: zu Bette gehn,
se lever heißt: früh aufstehn,
se fier à heißt: einem traun,
se défier heißt: weckt Misstraun.

60 Voulez vous

Voulez vous Kartoffelsupp
avec verbrannte Klöß?
Non, monsieur, je danke vous,
je n'ai pas appetit dazu.

Süddeutsche Variante:
Voulez vous Kartoffelsupp
avec a bissle Käs?
Non, monsieur, je danke vous,
Der Käs isch mir zu räs.

Verkürzte Variante:
Voulez vous de Ranze voll
avec à bissle Fiedale?

Italienisch

61 Nascita / morte

Geburt ist nascita, der Tod ist la morte;
dazwischen la vita – die wichtigsten Worte!

62 Ieri / oggi

Ieri war gestern, und oggi ist heut',
domani heißt morgen und tempo die Zeit.

63 Roma

Liest du den Liebesgott verkehrt,
wird seine Hauptstadt dir beschert.

Amor wird gespiegelt zu Roma.

Latein

64 Genusregel, allgemein

Die Männer, Flüsse, Völker, Wind'
und Monat' masculina sind.
Die Weiber, Bäume, Städte, Land'
und Inseln weiblich sind benannt.
Was nicht Frau ist und nicht Mann,
das sieht man als ein Neutrum an.

65 Genusregel, A-Deklination

Bei -a und -ae der ersten hat
das genus femininum statt.

66 Genusregel, O-Deklination

-er, -ir und -us sind mascula,
-um steht allein als Neutrum da.

67 Genusregel, O-Deklination, Ausnahmen

Als weiblich humus merk als -us,
als sächlich vulgus, pelagus.

68 Genusregel, konsonantische Deklination

Die -or und -er sind Masculina,
die -o, -s, -x sind Feminina,
die übrigen sind Neutrius,
dazu mit Stamm-End-r die -uso.

69 Genusregel, konsonantische Deklination, Maskulinum

Brauch männlich die auf -or, -os, -er
und -es Ungleichsilbiger

Variante:

Brauch männlich die auf -er, -or, -os,
zum Beispiel agger, labor, flos.

70 Genusregel, konsonantische Deklination, Maskulinum, Ausnahmen

-or:
Neutra sind auf -or
marmor, aequor, cor;
feminini generis
ist nur arbor-arboris.

-os:
Feminina sind auf -
nur die beiden cos und dos;
os-oris (Mund), os-ossis (Bein)
müssen immer Neutra sein.

NEUTRA:

-er, -es:
Neutra merke vier auf -er:
cadaver, iter, uber, ver.
Von Gleichsilb'gen auf -es
ist eines Neutrum, nämlich aes;
als weiblich aber merke man
sich merces, seges, quies an.

71 Genusregel, konsonantische Deklination, Femininum

Die -o, -as, -aus, die -x und -is
-es und parisyllabis
und -s, vor dem ein Konsonant,
als Feminina sind bekannt.

Variante 1:
Sobald ein Wort auf -s ausgeht,
(und nicht auf -os und -us)
wenn -o und -x am Ende steht,
man's weiblich brauchen muss.

Variante 2:
Als feminini generis
gebrauch ein Wort auf -aus und -is;

wenn Konsonant vor End -s steht
und wenn's auf -as, -x, -o ausgeht;
auf -es, wenn gleich die Silbenzahl
im ersten und im zweiten Fall.

72 Genusregel, konsonantische Deklination, Femininum, Ausnahmen

-o:
Masculini generis
sind sermo, ordo-ordinis

-as:
Als Masculinum merk auf -as
as-assis und als Neutrum vas.

-x:
Als männlich merke die auf -ex,
doch weiblich preces, lex und nex.

-is:
Merk männlich die auf -nis und -guis,
auch collis, fascis, lapis, ensis
orbis, piscis, pulvis, mensis.

-ns:
Männlich merke fons,
dens und mons und pons.

Variante:
Masculini generis
sind die Wörter all auf -nis
und collis, ensis, fascis, fons,
mensis, orbis, piscis, mons,
imber, neuter, dens und pons.

73 Genusregel, konsonantische Deklination, Neutrum

Die -a, -e, -c,
die -l, -n, -t,
die -ar, -ur, -us
sind neutrius

74 Genusregel, konsonantische Deklination, Neutrum, Ausnahmen

Als männlich brauche überall
mus, lepus, vultur, sol und sal;
doch weiblich alle sonst auf -us,
bei denen -u verbleiben muss.

75 Genusregel, U-Deklination

Der vierten -us lass männlich sein,
doch räume -u den neutris ein.

76 Genusregel, U-Deklination

Feminina sind auf -us
tribus, acus, porticus,
domus, manus, idus.

77 Genusregel, E-Deklination

Der fünften Wörter auf -e-s
bedeuten etwas Weibliches.
Nur männlich ist der Tag, dies,
und ebenso meridies.

78 Präposition

Die Apposition hat stets
die Präposition.

79 Präpositionen mit Akkusativ

ante, apud, ad, adversus,
circum, circa, citra, cis,
erga, contra, intra, extra,
infra, supra, iuxta, ob,
inter, praeter, post und prope,
penes, propter, per, secundum,
ultra sowie endlich trans

80 Präpositionen mit Ablativ

A, ab, de, ex und e
cum und sine,
pro und prae
fordern alle Ablativ,
alle anderen Akkusativ.

A und e stehen nicht vor einem Vokal oder vor h; bei sub und in entscheidet die Frage über den Kasus.

81 Verben, e-Konjugation, Perfekt Aktiv

Merk respondi, sedi, vidi;
aber arsi, risi, suasi (ars).

82 Verben, konsonantische Konjugation, Perfekt Aktiv

cessi, clausi und divisi,
laesi, lusi und invasi

Das sind die Verben der konsonantischen Konjugation, die im Perfekt Aktiv auf -si enden.

83 Verben, transitive

adaequo, iuvo, adiuvo,
effigio, devicio,
sequor, sector, imitor

Diese Verben werden im Lateinischen transitiv gebraucht, während sie im Deutschen mit dem Dativ verbunden werden, also intransitiv sind. Es heißt also: »Niemand kann dem Tode entfliehen« und »Nemo mortem effugere potest.«

84 Verben mit doppeltem Akkusativ

haben, halten und erkennen,
machen, wählen und ernennen,
zeigen, geben und erklären,
sich beweisen, sich bewähren

Diese Verben fordern bei Aktiv den doppelten Akkusativ (Objekt und Prädikatsnomen); Beispiel: Romulus urbem, quam condiderat, ex nomine suo Romam vocavit. Im Passiv findet man dann doppelten Nominativ (Subjekt und Prädikatsnomen); Beispiel: Cicero in senatu pater patriae appellatus est.

85 Deponentien mit instrumentalem Ablativ

utor, fruor, fungor,
potior, vescor, nitor

Diese Verben haben (abweichend vom Deutschen) das Objekt im instrumentalen Ablativ; Beispiel: In vobis, boni cives, salus civitatis nititur.

86 Verben der Bewegung

»Wohin« frag stets bei contraho,
concurro, cogo, contero,
convenio, advenio,
appello, abdo, nuntio.

Anders als im Deutschen steht bei diesen Verben in oder ad oder ein Städtename im bloßen Akkusativ (auf die Frage: Wohin?); Beispiel: Omnes, qui arma ferre poterant, in unum locum convenerunt.

Variante:

advenio, convenio,
abdo, cogo, appello,
revertor sowie contraho

87 Verben des Legens, Stellens, Setzens

Der Römer stellt die Frage »Wo«
bei pono, loco, colloco,
statuo, constituo,
consisto und consido.

Bei diesen Verben steht der Ablativ (Frage: Wo?); Beispiel: Hostes omnem spem in celeritate sociorum posuerunt.

88 Verben, unpersönliche

piget, pudet, paenitet,
taedet sowie miseret.

Bei diesen unpersönlichen Ausdrücken steht die betroffene Person im Akkusativ, Person oder Sache, die dieses Gefühl ausgelöst haben, stehen im Genitiv (Verben im Infinitiv); Beispiel: Me civitatis morum piget taedetque.

89 Imperativ, Ausnahmen

Dic, duc, fac, fer
enden im Imper-
ativ ohne e.

Dies ist eine Zusammenstellung der wichtigsten Ausnahmen bei der Bildung des Imperativs – des Reimes wegen hier die falsche Trennung.

90 Adjektive mit Genitiv

begierig, kundig, eingedenk,
teilhaftig, mächtig, voll,
nebst Gegenteil und Substantiv
jeweils mit dem Genitiv

Beispiel: Nullius iniuriae mihi conscius sum.

91 Adjektive

unus, solus, totus, ullus,
uter, alter, neuter, nullus,
diese Wörter haben alle
-ius in dem zweiten Falle,
und im Dativ enden sie
wie alius mit langem i.

Diese EB stellt die Adjektive zusammen, die zur zweiten Deklination gehören und dabei Unregelmäßigkeiten zeigen. Nicht ganz so glatt geht es mit alius, alia, aliud (ein anderer); denn da lautet dann der Genitiv alterius, Dativ »alii«.

92 Adverbia numeralia

In die Semmel biss der Kater.

So werden die ersten vier Zahladverben dem Gedächtnis zum Merken zugeführt:

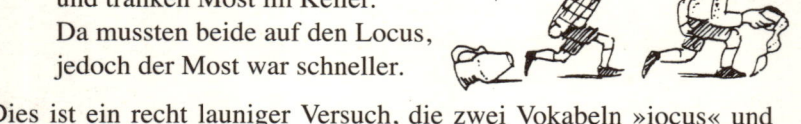

semel   = einmal
bis   = zweimal
ter   = dreimal
quater = viermal

Diese bilden die Ausnahme von der Regel, dass die Zahladverben auf -ies enden, beginnend mit quinquies = fünfmal.

93 Akkusativ

Fragst du:
Wie lang? Wie breit? Wie alt? Wie weit?
Wie hoch? Wie tief? Verwende stets Akkusativ!

94 Ali

Nach si, nisi, ne und num
Fällt der »ali« um.

Das heißt beispielsweise, dass aus »aliquid« »quid« wird, wenn zuvor ein ni si oder num im Satz zu finden ist.

95 Jocus – locus

Zwei Knaben machten sich den Jocus
und tranken Most im Keller.
Da mussten beide auf den Locus,
jedoch der Most war schneller.

Dies ist ein recht launiger Versuch, die zwei Vokabeln »iocus« und »locus« zu sichern.

96 Os

Os, oris ist der Mund.
Os, ossis frisst der Hund.

KUNST / KULTUR / MUSIK

97 Gesicht

Punkt, Punkt, Komma, Strich:
fertig ist das Mondgesicht!

Wie bei vielen EBn muss man auch hier den Zusammenhang kennen;
denn: . . , – ergeben beileibe noch kein Mondgesicht.

98 Musen

KLIOMETERTHAL
EUER URPOKAL

Ob nun Thalia oder Polyhymnia für diesen Zweizeiler verantwortlich
zeichnen, ist nicht ganz klar; sicher ist jedoch, dass man sich so die
Namen der neun Musen merken kann, der griechischen Göttinnen der
schönen Künste und Wissenschaften, allesamt Töchter des Zeus und
der Mnemosyne:

KLIO = Klio (Geschichte)
MEL   = Melpomene (Trauerspiel)
TER   = Terpsichore (Tanz)
THAL = Thalia (Lustspiel)
EU   = Euterpe (Instrumentalmusik)
ER   = Erato (Liebesdichtung)
UR   = Urania (Sternkunde)
PO   = Polyhymnia (ernster Gesang, Musik)
KAL   = Kalliope (erzählende Dichtung).

Englische Variante:

Zu merken hat man sich den Satz »See see, my Puttee«, und da-
mit ist zugleich folgende Buchstabenfolge bezeichnet »CCM-
PUTTEE« – die Anfangsbuchstaben der Musen (CC bezeichnet
Clio und Calliope).

99 Künste, freie

DREG AM GAS

Die fragwürdige Rechtschreibung dieser Brücke rührt vom trivialen Gegenstand her; über die Anfangsbuchstaben werden die sieben freien Künste (septem artes liberales) markiert, die sich untergliedern in das TRIVIUM bestehend aus

D	= Dialektik
RE	= Rhetorik
G	= Grammatik

und das QUADRIVIUM bestehend aus

A	= Arithmetik
M	= Musik
G	= Geometrie
AS	= Astronomie.

Damit ist auch klar, was das Wort »trivial« ursprünglich bedeutet: Trivial war, was zu den Künsten des Triviums (d. h. Umgang mit der Sprache) gehörte.

100 Sieben Weltwunder der Antike

TEST LEUCHTKOPY, GARTENMAUS!

Dieser eigentümliche Befehlssatz
nutzt die Anfangsbuchstaben
der sieben Weltwunder der Antike:

TE	= Tempel der Artemis in Ephesus
ST	= Statue des Zeus von Phidias in Olympia
LEUCHT	= Leuchtturm von Pharos in Alexandria
KO	= Koloss von Rhodos
PY	= Pyramiden in Ägypten
GARTEN	= Hängende Gärten der Semiramis in Babylon
MAUS	= Mausoleum in Halikarnassos

Variante:
Diesmal eine kurze Geschichte, in der alle sieben Weltwunder so zueinander in Bezug gesetzt werden, dass man sie sich auch bild-

lich vorstellen kann: »Ich sehe im GARTEN eine PYRAMIDE, auf deren Spitze eine STATUE steht. Sie blickt genau auf einen gegenüberliegenden TEMPEL, vor dessen Eingang ein eherner KOLOSS steht, in der einen Hand eine LEUCHTE und in der anderen eine MAUS.«

101 Tonleiter

Cäsar Der Elch
Frisst Gegen Abend Heu

Mit den Anfangsbuchstaben dieser Wörter kann man sich die Notenbezeichnungen beginnend bei C einprägen. Damit der Satz brauchbar wird, muss allerdings geklärt sein, dass das C auf einer Linie »unter« den fünf vorgegebenen Notenlinien platziert ist.

Variante 1:
Cuno Der Esel Fabriziert Gold Am Hinterteil

Variante 2:
Im Amerikanischen bzw. Englischen gibt es eine vergleichbare EB; dabei werden mit einem Satz und einem Wort die Bezeichnungen der Noten auf den Notenlinien und in den Zwischenräumen zusammengestellt. Für die Linien heißt der Satz: »Every Good Boy Does Fine« und für die Zwischenräume benutzt man das Wort FACE.

Variante 3:
Im Deutschen könnte der Satz für die Linien etwa so lauten:

Es Geht Hurtig Durch Fleiß

Variante 4:
Eine Geige Hat Der Fiedler

Variante 5:
Ein Geiger Hält Die Fiedel

Variante 6:
Für die Zwischenräume könnte im Deutschen die EB lauten:

Feiner Alter Cognac Ein Genuss!

102 Pausenzeichen

Der ganze Schinken hängt noch:

der halbe (angeschnittene) liegt bereits auf dem Tisch:

Der Vergleich mit dem Schinken soll dazu dienen, sich zu merken, welches Pausenzeichen an einer Linie »hängt« und welches auf einer Linie »liegt«.

103 Lautstärke, Bezeichnungen

Die Maus, die lebt piano
und manchmal pianissimo.
Der Spatz hingegen forte
und manchmal auch fortissimo.
Der Mensch – so mittendrin –
lebt mezzoforte vor sich hin.

Die wichtigsten fünf Lautstärke-Bezeichnungen in der Musik sind in diesem Kurzgedicht zusammengefasst:

pianissimo = sehr leise
piano   = leise
mezzoforte = nicht mehr leise, noch nicht laut
forte   = laut
fortissimo = sehr laut

104 Tempo, Bezeichnungen

Largo, lento und adagio
und andante, moderato,
bis vivace und allegro,
presto und prestissimo.

Die üblichen neun musikalischen Zeitmaße, Tempo-Bezeichnungen sind hier zusammengefasst:

largo	= breit, sehr ruhig
lento	= langsam
adagio	= ruhig
andante	= gehend
moderato	= mäßig schnell
vivace	= lebhaft
allegro	= schnell
presto	= sehr schnell
prestissimo	= so schnell wie möglich

prestissimo

105 Orchester, Anordnung

Mit Bratschen links die ersten Geigen,
die zweiten rechts beim Cello-Reigen.
Dann Harfen, Flöten, Klarinetten
sich an Fagott, Oboen ketten,
nach rechts gefolgt von Hörnern, Bässen,
Trompeten immer links gesessen,
daneben Tuben und Posaunen,
ganz hinten Schlagzeug zu bestaunen.
Ganz vorn, auf hohem Postament,
steht schließlich noch der Dirigent.

Dies ist der traditionelle Aufbau eines Orchesters aus der Sicht des
Zuhörers. Bei der moderneren, amerikanischen Anordnung sitzen die
ersten und die zweiten Violinen links vom Dirigenten, während Celli
und Bratschen rechts zu finden sind.

106 Intervalle

Prim, Sekund sind 1 und 2,
Terz als Intervall die 3,
4 und 5 die Quart und Quint,
Sext und Sept, Oktav ganz hint'.

Zur Bezeichnung der Intervalle in der Musik werden die lateinischen Ordnungszahlen in verkürzter Form genutzt. Diese EB bringt sie in die richtige Reihenfolge und bietet dazu einen Reim zur Abstützung.

107 Kreuz-Tonarten

Geh Du Alter Esel, Hol FISche!
1   2   3   4   5   6

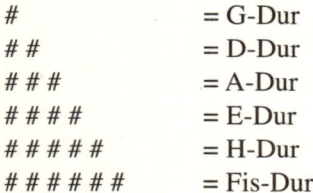

Auf diese Art soll man sich die Kreuz-Tonarten merken:

#	= G-Dur
# #	= D-Dur
# # #	= A-Dur
# # # #	= E-Dur
# # # # #	= H-Dur
# # # # # #	= Fis-Dur

Es gibt auch eine Variante mit »Heu fressen« am Ende; das klingt zwar plausibler, doch deutet »Fische« eher auf Fis.

Variante:

Geh Du Alter Esel Hol FInnische CIgaretten

108 B-Tonarten

Fürchte Besonders ESchen-ÄSte DES GESamten CÄSarreiches
1   2   3   4   5   6   7

Auf diese Art soll man sich die B-Tonarten merken:

b	= F-Dur	bbbbb	= Des-Dur
bb	= B-Dur	bbbbbb	= Ges-Dur
bbb	= Es-Dur	bbbbbbb	= Ces-Dur
bbbb	= As-Dur		

Etwas uneindeutig ist die Zuordnung bei Äste (As-dur).

Variante 1:

Fürchte Besonders Eschen-Aas des Gestrandeten Cirkus

Variante 2:

Cäsar Fand Beim Essen Austern Des Gesandten

(Hier stellt »Cäsar« allerdings den Ausgangspunkt C-Dur ohne Vorzeichen dar.)

109 Kirchentonarten

Der Pfarrer liest alte Journale

Dieser Satz fasst die alten Kirchentonarten zusammen, indem folgende Zuordnungen möglich sind:

der	= dorisch
Pfarrer	= phrygisch
liest	= lyrisch
alte	= aiolisch
Journale	= jonisch

110 Geige

Geh Du Alter Esel!

Die Anfangsbuchstaben geben die Stimmung der Geigensaiten an.

Variante:

Geig', Du Alter Esel!

111 Gitarre

Ein Anfänger Der Gitarre Habe Eifer

Die Anfangsbuchstaben geben die Stimmung der Gitarrensaiten an.

Variante 1:

Einem Alten Deppen Geht's Hart Ein

Variante 2:

Eine Alte Dumme Gans Hortet Eier

Variante 3:

Ein Alter Dummer Greis Hegt Eifersucht

112 Bratsche

Cäsar Gibt Die Antwort

Die Anfangsbuchstaben geben die Stimmung
der Bratsche an.

Variante 1:
Cäsar Genießt Den Abend

Variante 2:
Cäsars Gänse Dürfen Alles

113 Jazz

Orlea, Dixie, Cago,
Swingin', Bop and Cool

Die wichtigsten Stilrichtungen des Jazz zwischen etwa 1920 und 1960
sind hier zusammengefasst:

Orlea	= New Orleans Jazz
Dixie	= Dixieland
Cago	= Chicago-Periode
Swingin'	= Swing-Ära
Bop	= Bebop
Cool	= Cool Jazz

WIRTSCHAFT UND SOZIALES

114 Soll und Haben

Schlussbestände stehen
bei Aktiv-Konten auf der Haben-Seite,
bei Passiv-Konten auf der Soll-Seite.

Probleme kann es geben, weil das »a« auch in dem Wort »Passiv«
vorkommt. Behält man nur die letzte Zeile im Gedächtnis, dann ergibt
sich die andere logisch von selbst.

115 Sozialversicherung

KURA

Mit diesen Buchstaben fangen die wichtigsten Versicherungen der So-
zialversicherung an:

K = Krankenversicherung
U = Unfallversicherung
R = Rentenversicherung
A = Arbeitslosenversicherung

Überdies bedeutet das lateinische Wort »cura« (Vor-)Sorge.

116 Werbung: AIDA-Formel

AIDA

Die Werbung arbeitet mit dieser AIDA-Formel, um typische Abfolgen
im Verhalten möglicher Kunden zu beschreiben:

A = Attention
I = Interest
D = Desire
A = Action

Also ungefähr: Aufmerksamkeit erregen – Interesse wecken – Wunsch
wecken – Kaufhandlung auslösen.

117 Werbung: 7 W

W 1: Warum müssen wir werben?
W 2: Wofür werben wir?
W 3: Wen möchten wir umwerben?
W 4: Wie können wir werben?
W 5: Wo müssen wir werben?
W 6: Womit dürfen wir werben?
W 7: Wann werden wir werben?

Eine Zusammenstellung wichtiger Fragen, wenn es um die Planung und Durchführung einer Werbekampagne geht.

118 Verkaufen: 7 W

W 1: Wer?   Interessen, Käufer, Kunden, Verbraucher
W 2: Wie?   Absatz
W 3: Wo?   Marktlage
W 4: Was?   Ware
W 5: Wann?   Zeitpunkt, Vorberechnungen
W 6: Weshalb? Kaufgründe
W 7: Wofür?   Verbrauch, Verwendung

Diese EB wendet sich an den Verkäufer als »Marktforscher«.

119 Verkaufen: Bezahl-Regel

BEZAHL

Die Anfangsbuchstaben des Wortes BEZAHL geben die Abschnitte eines erfolgreichen Verkaufsplans wieder:

B = Begrüßung
E = Erklärung
Z = Zahlenbenennung
A = Auswahl
H = Hinweis
L = Lob

120 Verkaufen: DIBABA-Formel

DIBABA

Wieder werden die Anfangsbuchstaben eines Verkaufsplans zu einem (in diesem Fall Kunst-) Wort zusammengefasst; gemeint ist:

D = Definition (des möglichen Bedarfs, der Wünsche des Kunden)
I = Identifizierung (mit den Angeboten der Firma)
B = Beweisführung (des lohnenden Kaufes)
A = Annahme (der Argumente durch den Kunden)
B = Begierde (beim Kunden geschickt nutzen)
A = Abnahme (der Ware durch den Kunden)

Während jedoch die BEZAHL-Regel lediglich Handlungsweisen zusammenfasst, unterstellt diese DIABABA-Formel gewissermaßen bereits den Erfolg; denn der entscheidende Punkt dürfte das erste A sein.

121 Verkaufsplan

VERKAUFSPLAN

Dies ist ein drittes Beispiel für eine Verkaufs-EB, und wieder werden die Anfangsbuchstaben eines umfangreicheren Vorhabens zu einem Wort zusammengestellt.

V = Vorplanung der Arbeit (zeitlich, örtlich, personell)
E = Erfassung der Grunddaten (aufseiten des / der Kunden)
R = Referenz-Inventur (Zusammenstellung ähnlich gelagerter Fälle, die nützlich sein könnten)
K = Kontaktaufnahme
A = Appell an die Motivation des Kunden (um Vorteile und Nutzen des Angebots überzeugend darstellen zu können)
U = Untersuchung der Bedarfslage (Wünsche und Bedürfnisse des Kunden)
F = Fassung der Bedarfslage (entsprechend der Vorstellungen auf Kundenseite)
S = Spezifizierung des Angebots mit geziehen Vorschlägen

P = Prüfung von Argumenten / Gegenargumenten
L = Liquidierung von Einwänden des Kunden
A = Abschlussvorschlag
N = Nachbearbeitung, falls erforderlich

122 Kaufvertrag

WUMS

Dieses Kunstwort ist zusammengesetzt aus den Anfangsbuchstaben der Rechte, die ein Käufer bei einem Kaufvertrag hat:

W = Wandlung
U = Umtausch
M = Minderung
S = Schadenersatz

123 Kaufarten

WUMS!

ANZ

Man unterscheidet drei Kaufarten:

A = auf Probe
N = nach Probe
Z = zur Probe

124 Scheck

SOBBZU

Die sechs Bestandteile eines Schecks sind:

S = Scheck
O = Ort
B = Betrag
B = Bezogener
Z = Zahlungsort
U = Unterschrift

Und aus den Anfangsbuchstaben dieser Wörter besteht das Merkwort.

125 Wahlen, demokratische

AGGFU

Die Prinzipien, die für demokratische
Wahlen gelten, sind:

A = allgemein
G = gleich
G = geheim
F = frei
U = unmittelbar

Und aus den Anfangsbuchstaben dieser Wörter besteht das Merkwort.

MATHEMATIK

126 Plus / minus

Plus bedeutet und
minus bedeutet weniger

Verwirrend ist dabei, dass sowohl bei »plus« als auch bei »minus« ein
»u« vorkommt; so gesehen ist es fast einfacher, sich nur die zweite
Zeile einzuprägen.

127 Zahlenbezeichnungen

Deka – Hekto – Kilo
Dezi – Zenti – Milli

$$\times 10 \times 100 \times 1000$$
$$: 10 \quad : 100 \quad : 1000$$

Im Zehnersystem der Zahlen werden teils lateinische, teils griechische
Wortteile benutzt; die gebräuchlichsten sind in dieser EB zusammengefasst: in der ersten Zeile mal 10, mal 100, mal 1000, in der zweiten
Zeile geteilt durch 10, geteilt durch 100, geteilt durch 1000. Ein Kilo-
meter entspricht also 1000 m, ein Millimeter einem Tausendstel Meter
und ein Hektoliter 100 Litern.

128 Ar / Hektar

Hundert »ku-em« sind ein Ar,
zehntausend »ku-em« ein Hektar.

Mit »ku-em« ist in diesem Fall qm bzw. m^2, also Quadratmeter gemeint.

129 Kleiner als / gleich / größer als

= »gleich«   : Abstand der Striche ist gleich
> »größer als« : Abstand der Striche ist dort größer,
                   wo die größere Zahl steht
< »kleiner als« : Abstand der Striche ist dort größer,
                   wo die größere Zahl steht

Variante 1:

Das »<«-Zeichen ähnelt einem großen K, und zugleich bedeutet
es, wenn man von links nach rechts liest: »kleiner als«.

Variante 2:

Man stellt sich die Zeichen als Vogelschnabel vor; aufgerissen
wirkt er »größer«, geschlossen »kleiner«.

130 Und / oder

∧ = und; denn es ist unten offen
∨ = oder; denn es ist oben offen

Variante:
∧   steht stabil und fest = und
∨   steht auf der Kippe = oder

131 Vereinigungsmenge / Schnittmenge

∪ = Vereinigungsmenge (es wird eine Menge in eine
     Schüssel geworfen, vereinigt)
∩ = Schnittmenge (lässt sich nicht als Schüssel benützen)

132 Klammern

Punkt vor Strich –
die Klammer sagt:
»Zuerst komm ich!«

$3 \times 3 - 3$ ergibt nicht 3×0, sondern $9 - 3$, also 6 als Ergebnis. Hingegen ergibt $3 \times (3 - 3)$ nicht $9 - 3$, sondern 3×0, also als Ergebnis 0.

133 Plus / minus beim Multiplizieren

+ wird gleichgesetzt mit »dafür« $+ = dafür$
– wird gleichgesetzt mit »dagegen« $- = dagegen$

So lassen sich die Vorzeichen bei der Multiplikation in »Argumente« umsetzen, um das entsprechende Vorzeichen für das Produkt zu ermitteln. Positive mal positive Zahl ergibt »dafür« sein, dass man »dafür« ist, also »dafür« (+). Positive mal negative Zahl ergibt »dafür« sein, dass man »dagegen« ist (oder »dagegen« sein, dass man »dafür« ist), also »dagegen« (–). Und negative mal negative Zahl »dagegen« sein, dass man »dagegen« ist, also »dafür« (+).

134 Brüche

Zähler	← zählt die Teile
Nenner	← nennt die Namen der Teile

135 Kürzen

Aus Differenzen und Summen
kürzen nur die Dummen.

Richtig wäre es auszuklammern, Beispiel:

falsch: $\dfrac{a^2 + \cancel{a}b}{\cancel{a}}$ richtig: $\dfrac{\cancel{a}\,(a + b)}{\cancel{a}}$

Dramatischere Variante:
Wer in einer Summe kürzt,
wird ins Binger Loch gestürzt.

136 Genauigkeitsregel

Eine Kette ist so stark
wie ihr schwächstes Glied.

Bei logarithmischem Rechnen gilt: Das Ergebnis von Multiplikation und Division hat nicht mehr gültige Ziffern als die ungenaueste Eingangszahl, d. h. die Zahl mit der kleinsten Anzahl gültiger Ziffern.

137 Wurzelziehen

Potenzen und Summen
radizieren nur die Dummen.

138 Winkelfunktionen

sin<u>us</u>	= Gegenkathete : Hypoten<u>us</u>e
cosin<u>us</u>	= Ankathete : Hypoten<u>us</u>e
<u>t</u>a<u>n</u>ge<u>n</u>s	= <u>G</u>ege<u>n</u>kathete : <u>An</u>kathete
co<u>t</u>a<u>n</u>ge<u>n</u>s	= <u>An</u>kathete : <u>G</u>ege<u>n</u>kathete

Variante:

g – a – g, hy – h – a

Diese Merkworte setzen die Kenntnis folgender Zusammenstellung voraus:

g	a	g
h	h	a
s	c	t

Wobei »g« die Gegenkathete, »a« die Ankathete, »h« die Hypotenuse, »s« sinus, »c« cosinus und »t« tangens bedeutet.

139 Sinuswerte

sin 0°	sin 30°	sin 45°	sin 60°	sin 90°
$\dfrac{\sqrt{0}}{2}$	$\dfrac{\sqrt{1}}{2}$	$\dfrac{\sqrt{2}}{2}$	$\dfrac{\sqrt{3}}{2}$	$\dfrac{\sqrt{4}}{2}$
0	0,5	0,7	0,86	1

Diese Sinuswerte sind wichtig, weil sie oft vorkommen. Die Zahl unter dem Wurzelzeichen wird jeweils um 1 erhöht und das Ganze durch 2 geteilt.

140 Linien

Zwei Punkte begrenzen die STRECKEN,
die STRAHLEN sind einmal fixiert.
Wo unbegrenzt sich Linien recken,
sind sie als GERADEN notiert.

Die genaue Bezeichnung verschiedener Linien in der Geometrie ist hier in Reimform zusammengefasst: Eine Strecke ist die kürzeste Verbindung zwischen zwei Punkten, ein Strahl hat nur einen festen Ausgangspunkt, und Geraden weisen weder Anfangs- noch Endpunkt auf.

141 Körper / Fläche

<u>2</u>-dimensional: g × h geteilt durch <u>2</u>
<u>3</u>-dimensional: G × h geteilt durch <u>3</u>

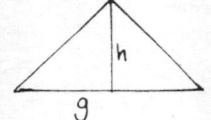  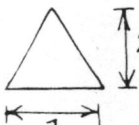 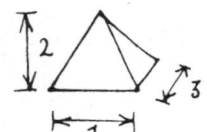

142 Kugel

Innen hat die Kugelei
4/3 π mal r hoch drei.
Und was sie auf dem Buckel hat
ist 4 mal π mal r Quadrat.

»Innen«: Den Rauminhalt einer Kugel mit Radius r berechnet man nach der Formel $V = 4/3 \, \pi \times r^3$; »Buckel«: Die Oberfläche einer Kugel berechnet man nach der Formel $O = 4\pi \times r^3$.

143 Volumen eines Drehkörpers

$$V_x = \pi \int y^2 \, dx \qquad \text{um die x-Achse}$$
$$V_y = \pi \int y^2 \, dy \qquad \text{um die y-Achse}$$

144 Koordinatensystem

Die Abszisse verläuft waagrecht,
die Ordinate hingegen lotrecht.

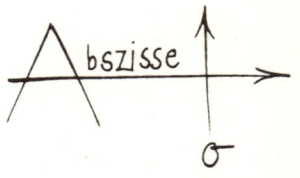

Variante:

Die Abszisse verläuft waagrecht wie der Querstrich beim Großbuchstaben A.

145 PI (π)

Es ist wohl π die Größe, die mir den Kopf verdreht:
Ist 's doch, o jerum, schwierig zu wissen, wofür sie steht.
3 ,1 4   1 5   9   2 6   5   3 5

π ist die Größe, die man erhält, wenn man den Kreisumfang durch den Durchmesser teilt. Um sich die ersten 10 Ziffern nach dem Komma einzuprägen wird folgendes Prinzip angewandt: Die Anzahl der Buchstaben pro Wort ergibt die entsprechende Ziffer. Das Komma wird durch den Apostroph markiert.

Variante:

Genutzt werden die gleichen Zuordnungsregeln.
Wie o dies π
Macht ernstlich so vielen große Müh!
Lernt immerhin, Jünglinge, leichte Verselein,
Wie zum Beispiel dies dürfte zu merken sein.
(Statt »Jünglinge« lässt sich auch »Mägdelein« einsetzen.)

146 Eulersche Zahl

Tu aideras à rappeler ta quantité à beaucoup de docteurs amis

Die transzendent-irrationale Eulersche Zahl e = 2,7182818284… wird als Basis für das natürliche Logarithmensystem genutzt: $\log_e c = \ln c$.

Um sich die ersten 11 Ziffern einzuprägen, wird das gleiche Prinzip genutzt wie bei π: Die Anzahl der Buchstaben pro Wort ergibt die entsprechende Ziffer. Allerdings ist diesmal der Merksatz französisch und bedeutet in etwa: Du wirst vielen gescheiten Freunden helfen, sich deine Zahl zu merken.

147 Zinsrechnung

$$\text{Kip durch } 100 = \frac{K \cdot i \cdot p}{100} = \text{Zinsen}$$

Hypotheken werden nach der Kip-Formel berechnet, wobei »K« das Kapital bedeutet, »i« das Jahr bzw. den Zeitraum und »p« den Prozentsatz.

BIOLOGIE UND MEDIZIN

Biologie

148 Männlich / weiblich, maskulin / feminin

Die Bedeutung der Zeichen für »männlich« (Kreis mit schräg nach oben gerichtetem Pfeil) und »weiblich« (Kreis über Kreuz) kann man sich merken, wenn man sich vorstellt, das Symbol für »weiblich« bildete einen Spiegel in vereinfachter Form ab. Die Assoziation »weiblich – eitel«, entspringt sicher nicht direkt emanzipatorischem Gedankengut.

Variante 1:

> Das Symbol für »weiblich« ist das auf den Kopf gestellte Zeichen für »Kirche«, das man von Landkarten her kennt, und erfahrungsgemäß sind Frauen unter den Kirchengängern besser vertreten als die Männer – dies ist nicht unbedingt ein charmanter Gedankengang.

Variante 2:

Das Symbol für »männlich« kann man sich merken, indem man an das Körperteil denkt, das nur dem männlichen Geschlecht zueigen ist – wenn auch nicht immer in diesem Winkel.

149 Systematik der Tiere

SKOFGA

Dies ist die Kurzfassung für die systematische Einteilung der Tiere nach: Stamm, Klasse, Ordnung, Familie, Gattung, Art; und aus den Anfangsbuchstaben dieser Wörter ist das Merkwort zusammengesetzt.

150 Mendel'sche Vererbungslehre

UNI – SPA – UNA

Die drei grundsätzlichen Mendel'schen Vererbungsgesetze werden hier zusammengefasst, nämlich

UNI = die Uniformitätsregel
SPA = die Spaltungsregel
UNA = die Unabhängigkeitsregel.

151 Auge: Zapfen, Stäbchen

Zapfen sehen Farbe
Stäbchen sehen schwärzlich (schwarz-weiß)

Dieser Zweizeiler soll helfen, sich zu merken, welche Vorrichtungen im Auge für die Farbwahrnehmung und die (auf erheblich weniger Licht angewiesene) Hell-Dunkel-Wahrnehmung zuständig sind. Häufig weiß man nur, dass es Stäbchen und Zapfen sind. Als Problem könnte auftauchen, dass einem zu Zapfen eher »zappenduster« einfällt, man also an »hell-dunkel« denkt. Dann bliebe zumindest die Möglichkeit, sich zu merken, dass die Zapfen nicht mehr so funktionieren, wenn es dunkel wird, und die Stäbchen die Hell-Dunkel-Unterscheidung ermöglichen.

152 Bulle oder Ochse?

Der **B**ulle kann **b**egatten,
beim **O**chsen steht der Sex auf **0** (= Null)

153 Dromedar / Trampeltier

Das Kamel mit einem »e« und Höcker
ist das Drom**e**dar –
das Kamel mit zwei »e« und Höckern
ist das Tramp**e**lti**e**r.

154 Cholesterin

LOP

Cholesterin ist ein fettlöslicher Stoff und liegt im Blut immer verestert vor. Es wird von der LDL-Fraktion (Low-Density-Lipoprotein) transportiert, in der es immer mit einer der folgenden Fettsäuren verbunden vorliegt: **L**inolsäure, **Ö**lsäure, **P**almitinsäure, und deren Anfangsbuchstaben ergeben die EB.

155 Insulin- bzw. Glucagonbildung

In **B**erlin **g**lotzen **a**lle

Dies sind die Orte der Insulin- bzw. Glucagonbildung (Pankreas):

Insulin   – **B**-Zellen der Langerhans-Insel
Glucagon   – **A**-Zellen der Langerhans-Insel

156 Zellkernteilung

Ich PROtze Mit Allen TEilen

In fünf Schritten erfolgt die Zellkernteilung (Aufteilung der Chromosomen in der Mitose):

Ich   = **I**nterphase
PROtze   = **Pro**phase
Mit   = **M**etaphase
Allen   = **A**naphase
TEilen   = **Te**lophase

157 Stickstoff / Kali

Der Stickstoff hat den Sinn erhalten,
den Eiweißaufbau zu gestalten.
Er ist drum wichtig wie noch nie
zum Pflanzenaufbau und fürs Vieh.
Das Kali hat stets das Bestreben,
die Zellenbildung zu beleben.
Und außerdem ist es am Werke
beim Bau von Zucker und von Stärke.

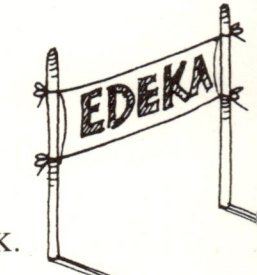

158 Vitamine, fettlösliche

EDEKA

Die vier fettlöslichen Vitamine sind: A, D, E und K.

Medizin

159 Handwurzelknochen

Däumling schifft im Mondenschein
im Dreieck um das Erbsenbein.
Vieleckig groß, vieleckig klein:
Der Kopf muss bei dem Haken sein.

Diese EB dient dazu, sich die acht Handwurzelknochen einzuprägen,
wie sie aufeinander folgen und benannt werden, wenn man mit der
Daumenseite beginnt:

schifft	= Os scaphoideum
Mondenschein	= Os lunatum
Dreieck	= Os triquetrum
Erbsenbein	= Os pisiforme
vieleckig groß	= Os trapezium
	(früher: Os multangulum majus)

vieleckig klein   = Os trapezoideum
                  (früher: Os multangulum minus)
Kopf   = Os capitatum
Haken   = Os hamatum

Klar muss sein, dass mit »schifft« der Kahn aufgerufen wird. Die Reihenfolge von großem und kleinem Vieleckbein ist durch den Reim einigermaßen abgesichert, besser zumindest als bei der Reihenfolge von »Kopf« und »Haken«, die allenfalls noch durch den Rhythmus schwach gesichert erscheint.

Variante:

Der Kahn, der fährt im Mondenschein
dreieckig um das Erbsenbein.
Vieleckig groß und vieleckig klein:
Der Kopf, der muss im Haken sein.

160 Fußwurzelknochen

Das Sprungbein und das Fersenbein,
die wollten in den Kahn hinein
und kriegten dreimal Keile
von dem Würfelbein.

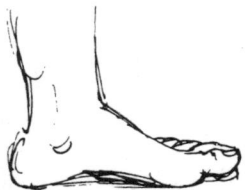

Hier geht es um das Einprägen der sieben Fußwurzelknochen:

Sprungbein   = Talus
Fersenbein   = Calcaneus
Kahn   = Os naviculare
dreimal Keile   = 3 cuneiformia
Würfelbein   = Os cuboideum

Reim und Rhythmus sind recht seltsam; doch hilft so etwas mitunter ja beim Merken.

161 Hirnnerven

Schnüffler, schau, schau!
Schon rollt dir dreifach die Abfuhr ins Antlitz.
Höre, du züngelst die Zunge zu weit!
Eile herbei, Hypoglossus!

Diese seltsam lyrisch wirkende Brücke soll taugen, um sich die zwölf Hirnnerven einzuprägen. Verlangt werden allerdings hinreichende Lateinkenntnisse, wie die nachfolgende Übersicht deutlich macht:

Schnüffler	= Nn. olfactorii
schau	= N. opticus
schau	= N. oculomotorius
schon rollt	= N. trochlearis
dreifach	= N. trigeminus
die Abfuhr	= N. abducens
ins Antlitz	= N. facialis
höre	= N. vestibulocochlearis
du züngelst	= N. glossopharyngeus
weit	= N. vagus
eile herbei	= N. accessorius
Hypoglossus	= N. hypoglossus

Englische Variante:

> On Old Olympia's Towerin Top
> An Finn And German Vault And Hop

Dabei ist allerdings der N. vestibulocochlearis als »auditory« bezeichnet.

162 Hauptschlagader

> Dich, lieber Faz,
> fahren stämmige Ochsen
> rückwärts durch Tempels Mitten.

Hier sind die Äste der Aorta carotis externa (Hauptschlagader) in Satz-Form zusammengestellt, wobei folgende Zuordnungen gelten:

Dich	= A. thyroidea superior
lieber	= A. lingualis
Faz	= A. facialis
fahren	= A. pharyngea ascendens
stämmige	= A. sternocleidomastoideus

Ochsen	= A. occipitalis
rückwärts	= A. retroauricularis
Tempels	= A. temporalis superficialis
Mitten	= A. maxillaris

Leser, die über Lateinkenntnisse verfügen, werden den spröden Reiz dieser Zuordnungen nachvollziehen können, etwa »Tempel« und »temporalis« (wörtl.: zeitlich) oder »lieber« und »lingualis« (wörtl.: die Zunge betreffend).

163 Nerven am punctum nervosum

Ob mich Aurora trotzdem sucht?

Es geht hier um die vier Nerven, die der Sensibilitätsversorgung der Haut im Halsbereich dienen:

Ob mich	= N. occipitalis minor
Aurora	= N. auricularis magnus
trotzdem	= N. transversus colli
sucht	= N. supraclavicularis

Variante:

Für die Äste des Plexus lumbosacralis (Sensibilitätsversorgung in Lende und Steiß) klingt die EB etwas spaßiger:

In Indien gibt's kein frisches Obst.

Aufgeschlüsselt sieht das so aus:

In	= N. iliohypogastricus
Indien	= N. ilioinguinalis
gibt's	= N. genitofemoralis
kein	= N. cutaneus femoris lateralis
frisches	= N. femoralis
Obst	= N. obturatorius

Es sind dies Zuordnungen, bei denen man sich nicht so ganz sicher ist, ob sie beim Merken wirklich helfen. Sicher lässt sich die EB gut behalten, doch die damit angesprochenen Nerven?

164 Ellenbeuge

SANI

Dies ist ein Kennwort, um sich die Reihenfolge in der Ellenbeuge zu merken:

S = Sehne des Biceps
A = Arteria brachialis
N = Nervus medianus
I = innen

165 Zwischenrippenraum

OVAN

Dies ist ein Kennwort, um sich die Reihenfolge der Leitungen im Zwischenrippenraum (Intercostalraum) zu merken:

O = oben
V = Vene
A = Arterie
N = Nerv

166 Nierenbecken

A
VENUE

Dieses Kennwort soll helfen, sich die topographischen Verhältnisse im Nierenbecken einzuprägen. Die Arterie liegt oberhalb von Vene und Ureter, die nebeneinander liegen.

167 Kniekehle

NIVEA

Dieses Kennwort soll dazu dienen, sich die Leitungen in der Kniekehle (fossa poplitea) zu merken:

NI = Nerv (außen oben)
VE = Vene (darauffolgend)
A = Arterie (in der Tiefe)

CHEMIE UND PHYSIK

Chemie

168 Säuren und Basen

> Säuren röten
> Basen bläuen

169 Laugen

> Laugen färben rotes Lackmuspapier blau.

170 Experimente

> Erst das Wasser, dann die Säure –
> sonst geschieht das Ungeheure!

Variante:
> Gieß nie Wasser in die Säure,
> sonst geschieht das Ungeheure.

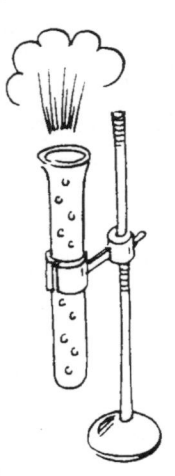

171 Oxydation

> Rosten ist eine Oxydation

172 Elemente

> HONCS

Dieses Kunstwort setzt sich aus den Symbolen wichtiger chemischer Elemente zusammen: H(Wasserstoff), O(Sauerstoff), N(Stickstoff), C(Kohlenstoff), S(Schwefel). Die Reihenfolge der Elemente entspricht zugleich ihrer Wertigkeit: $H = 1$, $O = 2$, $N = 3$, $C = 4$, $S = 2$, 4 oder 6.

173 Elemente

> He, he, lieber Bebo!
> Comische Nase ohne feste Neigung!
> Na, magst alle silbernen Pokale sehen, cleverer Argonaut?

Diese seltsamen Sätze bringen die ersten 18 Elemente ohne Neben-gruppenelemente in die richtige Reihenfolge:

1									2
H									He
3	4	Neben-gruppen-elemente		5	6	7	8	9	10
Li	Be			Bo	C	N	O	F	Ne
11	12			13	14	15	16	17	18
Na	Mg			Al	Si	P	Se	Cl	Ar

Variante für die 2. Periode:

Liebe Beate, Boris commt nicht ohne frische Nelken!

174 Zinn

Sn für Zinn
weist auf Stanniolpapierchen hin

Zinn hat das chemische Zeichen Sn von dem lateinischen Wort »stan-num«; insofern ist der Brückenschlag zum Anfang von »Stanniolpa-pier« möglich.

175 Allgemeine Gasgleichung

Vopoti = Vipito

Diese Brücke nützt die relative Ähnlichkeit von »o« mit tiefer ge-setzter Null und »i« mit tiefer gesetzter Eins; denn die allgemeine Gasgleichung ist: $V_0 \cdot p_0 \cdot t_1 = V_1 \cdot p_1 \cdot t_0$ (V = Volumen, p = Druck und t = Zeit).

176 Anion / Kation

Anion = negativ
Kation = Ka+ion

Anionen sind negativ geladene Ionen, beide haben ein »n«. Kationen tragen die positive Ladung, »+« für »t« für »positiv«.

Physik

177 Leistung

Leistung ist die Arbeit
geteilt durch ihre Zeit.

178 Geschwindigkeit

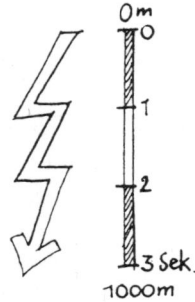

Eines Dings Geschwindigkeit:
Weg durch die gebrauchte Zeit.

179 Schallgeschwindigkeit

Schall braucht Zeit:
Im Freien geht er
in drei Sekunden 1000 Meter.

Daher auch die Faustregel, mit der man schätzen kann, wie weit ein Gewitter entfernt ist: Man zählt bei einem Blitz ungefähr im Sekunden-Rhythmus, bis der Donner zu hören ist; dann teilt man die gezählten Sekunden durch drei und errechnet so in etwa die Entfernung des Gewitters in Kilometern.

180 Ohm'sches Gesetz: Uri-Dreieck

Die Stromstärke I eines Stromkreises ist gleich der anliegenden Spannung U geteilt durch den elektrischen Widerstand R des Stromkreises, also $I = U / R$. Außerdem gilt $U = R \cdot I$ und $R = U / I$

Variante 1:

$U = I \cdot R \rightarrow$ Unser Infanterie-Regiment

Variante 2:

als die Spannung noch mit »E« bezeichnet wurde:
$E = I \cdot R \rightarrow$ Es ist recht.

181 Magnetismus

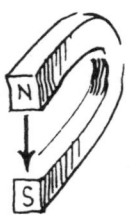

Die Magnetlinien gehen am Nordpol 'naus;
der Südpol ist der Saugpol.

182 Magnetpole

Süd ist grün und Nord ist rot

183 Proton / Elektron

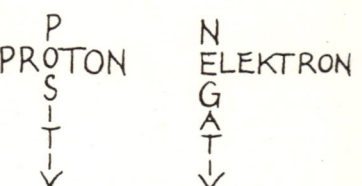

Proton ist positiv
Elektron ist negativ

Verwechslungen kann es unter Umständen geben, weil auch im Wort »Elektron« ein »o« vorkommt. Vielleicht ist es hilfreich, sich einzuprägen, dass jeweils der erste Vokal (Selbstlaut) von Bedeutung ist.

184 Kondensator

Im Kondensator
eilt der Strom vor.

185 Anode / Kathode   Ka⊖hode

Das »t« in »Kathode« enthält als Minuszeichen einen Querstrich. Damit soll geklärt werden, dass die Anode die positive Elektrode ist, die Kathode hingegen die negative.

186 Spannung

SIE   = dIE Spannung
ER   = dER Strom

Wenn ER eine Kapazität ist und SIE die Induktivität, dann läuft SIE IHM nach.

187 Watt   P=VA

Die mechanische Leistung, gemessen in Watt, ergibt sich als Produkt aus Volt und Ampere; diese EB stellt nun eine Ähnlichkeit zwischen einem »W« und einem »V« plus einem auf die Spitze gestellten »A« fest.

188 Otto-Motor

ANS VERDIenen durch ARBEIT! Dann AUSspannen.

Die Aktionen des Viertaktmotors nach Otto werden hier zusammengefasst: Ansaugtakt, Verdichtungstakt, Arbeitstakt, Auspufftakt.

Variante:

Otto denkt ANS VERDIenen durch ARBEIT und gutes
AUSkommen.

189 Linsen

Die Suppe steht im Löffel brav:
Diese Linse ist konkav.

Nun macht es »klex«:
Diese Linse ist konvex.

Die Unterscheidung von konkav und konvex macht allem Anschein
nach erhebliche Probleme; denn es finden sich eine ganze Reihe von
EB, die speziell bei dieser Unterscheidung helfen sollen.

Variante 1:

Ist die Linse konvex,
hat sie 'nen Buckel wie 'ne Hex.

Variante 2:

Der Bauch vom Rex,
der ist konvex

Variante 3:

Aus einer Konkav-Linse
kann man Kaffee trinken.

190 Farbspektrum

ROGGBIV

Diese EB stellt die Farben des Spektrums in der richtigen Reihenfolge zusammen: Rot, Orange, Gelb, Grün, Blau, Indigo, Violett.

Variante
ROOR GEG BLINDVI

Englische Variante:
ROY G BIV
für red, orange, yellow, green, blue, indigo, violet.

191 Messing

Messing besteht aus Zin[K + K]upfer, Zinn ist nicht dabei.

$$Zin(k + K)upfer$$

Messing ist eine Legierung aus Kupfer und 30–50 % Zink. Um Verwechslungen von Zinn und Zink zu vermeiden, weist diese EB auf den gemeinsamen Buchstaben »K« – sozusagen das Bindeglied – hin.

Variante:
Diese spielt mit der Auslautverhärtung im Deutschen und ist sicher nicht für schwache Rechtschreiber geeignet:
Messin»K« besteht aus Kupfer und ZinK.

STRASSE UND VERKEHR

192 Ampel

ROT heißt Warten, GRÜN heißt Starten.

Variante 1:
 Bei ROT bleibst du stehen,
 bei GRÜN darfst du gehen.

Variante 2:
 ROT = stehen,
 GELB = sehen und warten,
 GRÜN = starten.

193 Verkehrspolizist

Siehst du vom Schutzmann Bauch oder Rücken,
musst du auf die Bremse drücken.
Bietet er die Seiten dar,
dann – immer vorsichtig – fahr.

194 Verbotsschild

Rund und rot
heißt Verbot.

195 Achtungsschild

Achtungsschilder zeigen mit der Spitze nach oben wie beim großen A.

196 Vorfahrt achten

Vorfahrt muss man beachten, wenn die Spitze des Dreiecks nach unten zeigt wie beim großen V.

Variante:
 Das Dreieck an der Kreuzung spricht:
 Statt Vorfahrt hast du Wartepflicht.

197 Vorfahrtsschild

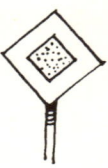

> Siehst du ein eckiges Spiegelei:
> Dann ist deine Vorfahrt frei!

198 Fußgänger im Verkehr

> Erst links, dann rechts,
> dann geradeaus –
> so kommst sicher du nach Haus.

Gemeint ist die Blickrichtung vor dem Überqueren der Fahrbahn: Links muss man erst schauen, weil da – bei Rechtsverkehr – zuerst Fahrzeuge kommen, rechts dann, weil auf der gegenüberliegenden Fahrbahnseite auch mit Fahrzeugen zu rechnen ist.

Variante:

> Links gehen,
> gut sehen.

Auf Landstraße ohne Fußweg sollte man links gehen, dann kommt einem der Verkehr entgegen und ist besser zu sehen.

HANDWERK UND TECHNIK

Elektro

199 Sicherung

> Minus auf Plus,
> und d'Sicherung ist dus.

Übersetzt ins Schriftdeutsche: »und die Sicherung ist raus.«

200 Leistung, elektrische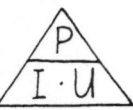

Die elektrische Leistung P (gemessen in Watt) ist gleich der Strom-stärke I (gemessen in Ampere) mal der Spannung U (gemessen in Volt); außerdem gilt I = P / U und U = P / I.

201 Schaltungen

Mit dieser Skizze soll erklärt werden, wann die Schalterstellung, die mit dem Stern (am Himmel) gekennzeichnet ist, benutzt werden muss, und wann die mit dem Dreieck (Hausdach). Die Idee: Bei höherer Spannung (380 V) muss man auf »Stern« schalten, weil der »höher« steht als das Hausdach (220 V).

202 Anode

ANode: Hier kommen
die Elektronen AN

203 Anode / Kathode

Die Zeichen für Kathode und Anode gleichen den Anfangsbuchstaben dieser Wörter. Wenn man sich das klar macht, kann man sich die Zei-chen leichter merken.

204 Plus / Minus

Die Idee: Man braucht ein MEHR (= PLUS), um das Pluszeichen zu Papier zu bringen.

205 Phase / Null

S, T oder R an Schalter
MP an Lampe
So soll man sich den Anschluss von Phase und Null merken.

206 Spannung

Liegen im Leiter Kapazitäten,
die Spannungen sich verspäten.

207 Elektromagnet

Die Polung des Elektromagneten ergibt sich aus der Stromrichtung,
und diese kann man sich an der Buchstabenform merken.

208 Stromrichtung

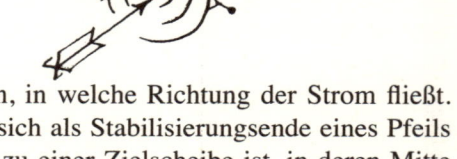

Die Skizze soll verdeutlichen, in welche Richtung der Strom fließt.
Das Plus-Zeichen kann man sich als Stabilisierungsende eines Pfeils
vorstellen, der auf dem Weg zu einer Zielscheibe ist, in deren Mitte
der Punkt zu finden ist.

209 Widerstände, internat. Farbcode

Stopp Bei ROT Oder GELB!
GRÜN Bietet VIel Gefahrloseren WEg.

So soll man sich die Zuordnung der Farben zu den Ziffern Null bis
Neun einprägen, die man auf Widerständen zur Kennzeichnung findet: schwarz (0), braun (1), rot (2), orange (3), gelb (4), grün (5), blau
(6), violett (7), grau (8), weiß (9).

Variante 1:

»Schwere Brecher Rollen Orgelnd Gegen Grüne Berge, Von
Ganz Weit« – dabei sind wiederum die Anfangsbuchstaben der
Wörter zugleich die Anfangsbuchstaben der entsprechenden
Farben.

Variante 2:

Hier werden jeweils Zahl und Farbe zu einer Vorstellung zusammengefasst:

0 = das schwarze Nichts
1 = ein brauner Pfennig
2 = zwei rote Rosen
3 = drei Orangen
4 = jeder vierte Mensch ist gelb
5 = der grüne Fünfeuroschein
6 = »blau« bedeutet sechs Monate Führerscheinentzug
7 = die siebenjährige Violetta
8 = der achtzigjährige, graue Herr
9 = neunmal gewaschen, endlich weiß

Diese Zuordnungen sind nicht ganz unproblematisch, weil eine ganze Reihe von Zusammenstellungen sehr vage bleiben, etwa »zwei Rosen« (wieso nicht sieben?) oder die Violetta, die genauso gut sechs oder acht Jahre alt sein könnte.

210 Feld, elektromagnetisches

Um sich die Ausrichtung eines elektromagnetischen Feldes um einen stromdurchflossenen Leiter vorzustellen: Die Schraube bewegt sich in das Gewinde hinein (Stromrichtung), und die Drehrichtung entspricht der Ausrichtung des Felds.

Variante 1:
    Drei-Finger-Regel

Hält man die rechte Hand so, dass die Feldlinien vom Nordpol her auf die Innenfläche der Hand treffen und der abgespreizte Daumen in die Bewegungsrichtung zeigt, so fließt der Induktionsstrom in Richtung des ausgestreckten Fingers.

Variante 2:
Rechte-Hand-Regel

Hat man die rechte Hand so am Gaszug (beispielsweise eines Motor-rads), dann zeigt der Daumen die Stromrichtung an. Die Bewegung beim Gas-Wegnehmen deutet die Feldausrichtung an.

Metall

211 Stahl

ALCUMOTATIV

In diesem Kunstwort sind die Legierungsbestandteile des Stahls mit dem Teiler 10 untergebracht, nämlich: AL = Aluminium, CU = Kupfer, MO = Molybdän, TA = Tantal, TI = Titan, V = Vanadium.

212 Stahlnormierung

NICROMANSICOW

Dieses Kunstwort fasst die Metalle mit dem Teiler 4 bei der Stahlnormierung zusammen, nämlich: NI = Nickel, CRO = Chrom, MAN = Mangan, SI = Silizium, CO = Cobalt, W = Wolfram.

213 HS-Stahl

WO ist MOFA K. O.?

Diese EB fasst die Normbezeichnungen für High-speed-Stahl zusammen, nämlich: WO = Wolfram, MO = Molybdän, FA = Vanadium, K. O. = Cobalt.

214 Schraubengewinde

Seitdem die BRD (das Deutsche Reich) besteht,
werden Schrauben rechts gedreht.

Verschiedenes

215 Säurespülung

Auf alkalische Haarbehandlung
stets durch Säurespülung Wandlung

216 Bretter

Rechte Seite des Brettes wird rund,
Linke Seite des Brettes wird hohl.

Das Holz hat eine rechte und eine linke Seite. Holz wirft sich. Und
über die Anfangsbuchstaben von »rechts« und »links« soll man sich
merken, welche Seite des Brettes rund wird. Dazu muss man wissen,
welches die rechte Seite ist. Der entsprechende Merksatz dazu lautet:

Die rechte Seite, meine Herrn
zeigt immer in die Richtung Kern.
Suchen wir die linke,
denken wir nur an die Rinde.

217 Säge

Der erste Zahn

Der Zahn, der zuerst schneidet,
wird zuerst gefeilt.

218 Sechszylindermotor, Zündfolge

1 – 5 ist zu jung
3 – 6 ist zu alt
2 – 4 ist genau richtig.

Jeweils zwei Zylindernummern werden zu »Altersbezeichnungen«
zusammengefasst. Und so lässt sich als mögliche Zündfolge festhal-
ten: 1 – 5 – 3 – 6 – 2 – 4.

1 – 5 – 3 – 6 – 2 – 4

GEOGRAFIE

219 Weser

Wenn Fulda und Werra sich küssen
und ihren Namen lassen müssen,
entsteht durch diesen Kuss
ganz nebenbei der Weserfluss.

220 Donau, Nebenflüsse

Iller, Lech, Isar, Inn
fließen rechts zur Donau hin.
Wörnitz, Altmühl, Naab und Regen
kommen ihr von links entgegen.

221 Donau, Quellflüsse

Brigach und Breg
bringen die Donau zuweg.

222 Die längsten Flüsse

NIL, dann AMA, MISSMISSOUR,
JANG, OB, PARA, MEK, AMUR.

Hier werden die längsten Flüsse der Erde geordnet dem Gedächtnis
zugeführt:

NIL	= Nil mit Kagera	= 6670 km
AMA	= Amazonas	= 6520 km
MISSMISSOUR	= Mississippi-Missouri	= 6420 km
JANG	= Jangtsekiang	= 5800 km
OB	= Ob mit Katun	= 5410 km
PARA	= Paraná mit La Plata	= 4700 km
MEK	= Mekong	= 4500 km
AMUR	= Amur	= 4350 km

223 Seen: USA, Kanada

OBERkellner MICHaels
HURtiger, ERlicher ONkel.

Zusammengestellt sind die fünf großen Seen im Grenzgebiet zwischen den USA und Kanada; daher auch die eigentümliche Schreibung »erlich«. Von Westen nach Osten sind es:

OBERkellner = Oberer See
MICHaels = Michigansee
HURtig = Huronsee
ERlicher = Eriesee
ONkel = Ontariosee

224 Mittelamerika

MEGUSA HONICOPA

Von Nordwest nach Südost sind hier in Kurzform die Staaten der mittelamerikanischen Landbrücke aneinandergereiht:

ME = Mexiko
GU = Guatemala
SA = (El) Salvador
HO = Honduras
NI = Nicaragua
CO = Costa Rica
PA = Panama

225 Ostfriesische Inseln

Welcher Seemann Liegt Bis Neun Im Bett?

Die Anfangsbuchstaben sind zugleich die Anfangsbuchstaben der ostfriesischen Inseln, also: Wangerooge, Spiekeroog, Langeoog, Baltrum, Norderney, Juist, Borkum.

Variante für die umgekehrte Reihenfolge:
BOJUNO BALASPIEWA

226 Himmelsrichtungen

Nie Ohne Seife Waschen!

Dieser Befehl dient dazu, sich die Abfolge der Himmelsrichtungen auf dem Kompass bzw. der Landkarte einzuprägen. Beginnt man oben, dann zeigen die Anfangsbuchstaben im Uhrzeigersinn an: Norden, Osten, Süden, Westen.

Variante:

Man kann sich die »Waagrechte
der Windrose« auch mit
dem Wörtlein »WO« merken:

227 Sonnenstand

Im Osten geht die Sonne auf,
im Süden nimmt sie Mittagslauf,
im Westen sagt sie »Gute Nacht!«
im Norden sie uns niemals lacht.

228 Granit

Feldspat, Quarz und Glimmer –
die drei vergess ich nimmer.

Aus diesen drei Bestandteilen setzt sich Granit zusammen.

Variante:

Feldspat, Quarz und Glimmer
sind im Granit –
das vergess ich nimmer.

229 Stalagtiten / Stalagmiten

Die von unten nach oben »wachsenden« Stalagmiten bilden in der Skizze ein »M«, und das ist der Buchstabe, durch den sie sich von den Stalagtiten unterscheiden, die in die »Tiefe« wachsen.

Variante, Französischkenntnisse vorausgesetzt:

Bei »Stalagtiten« findet man ein »t« wie bei »tomber« (fallen); bei »Stalagmiten« findet man ein »m« wie bei »monter« (steigen).

Chauvinistische Variante:

Die »hängenden« Stalagtiten enden im Gleichklang mit »Titten«, die man sich in diesem Fall als Hängebrüste vorzustellen hätte.

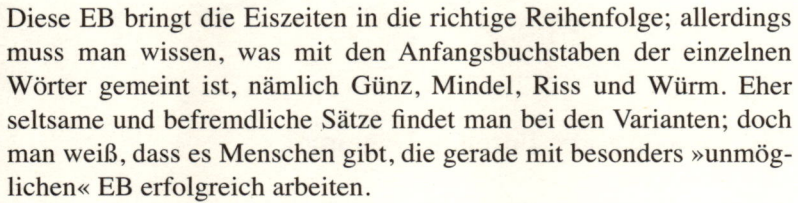

230 Eiszeiten

Geografen Müssen Rüstig Wandern

Diese EB bringt die Eiszeiten in die richtige Reihenfolge; allerdings muss man wissen, was mit den Anfangsbuchstaben der einzelnen Wörter gemeint ist, nämlich Günz, Mindel, Riss und Würm. Eher seltsame und befremdliche Sätze findet man bei den Varianten; doch man weiß, dass es Menschen gibt, die gerade mit besonders »unmöglichen« EB erfolgreich arbeiten.

Variante 1:

Günstig mindern Risse Würmer

Variante 2:

Günters Mündel riss Würmer (aus dem Eis)

231 Geografische Formen: Bodensee

Wenn man den Umriss des Bodensees großzügig nachzeichnet, dann kann man ein Krokodil erkennen, wie es im Kasperle-Theater benutzt wird: Rechts (von Österreich her) kann man mit der Hand hineinschlüpfen, und links reißt es das Maul auf, oberhalb und unterhalb von Konstanz.

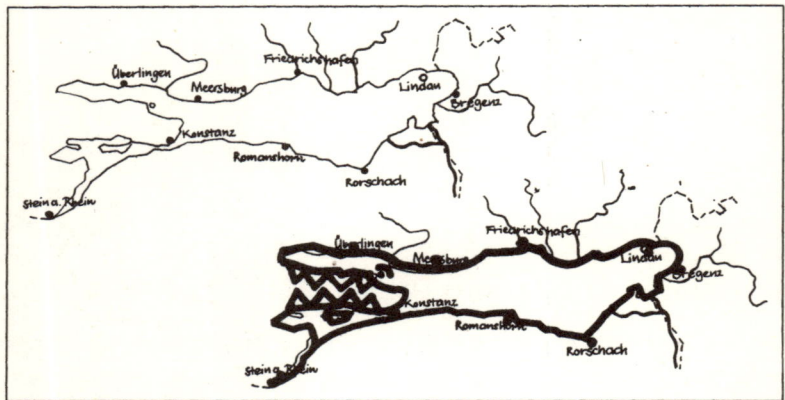

232 Geografische Formen: Dänemark

Im Umriss von Dänemark kann man leicht einen Mann erkennen, der eine Zipfelmütze aufhat und seinen Mund gewaltig aufreißt.

233 Geografische Formen: England

Das vereinigte Königreich von Großbritannien gleicht einem Zwitter-
wesen: oben Hase, unten eher Känguru – insgesamt also ein Beutelhase.

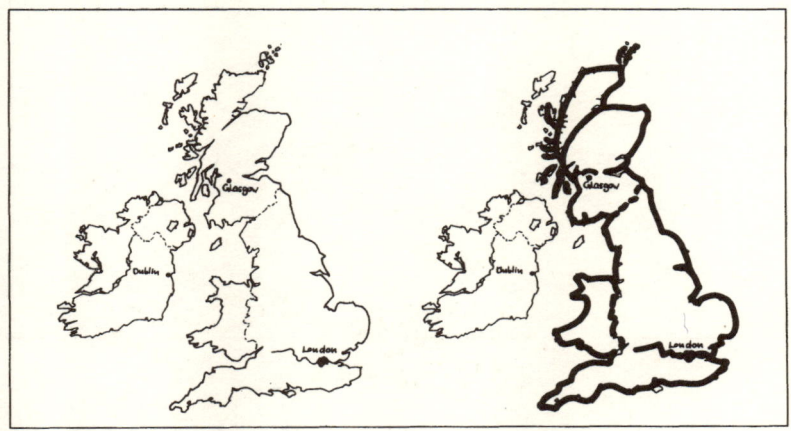

234 Geografische Formen: Frankreich

Verbindet man die »Ecken« von Frankreich, dann erhält man ganz
grob ein Fünfeck, ein Pentagon.

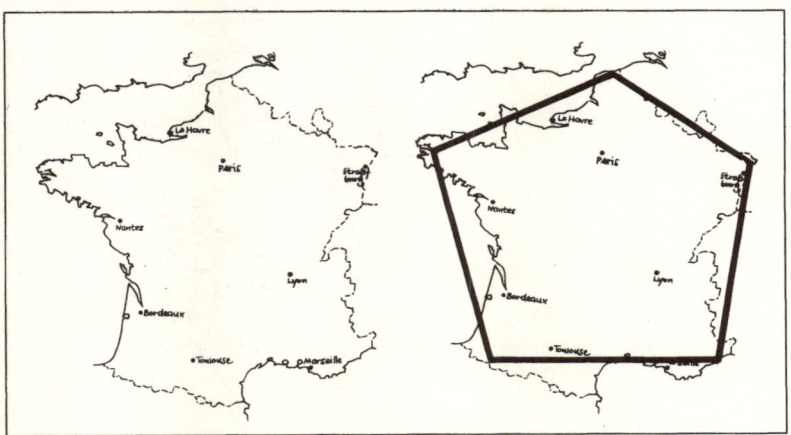

235 Geografische Formen: Griechenland

Griechenland lässt sich leicht daran erkennen, dass es zweimal euter-
förmige Gebilde ins Mittelmeer streckt.

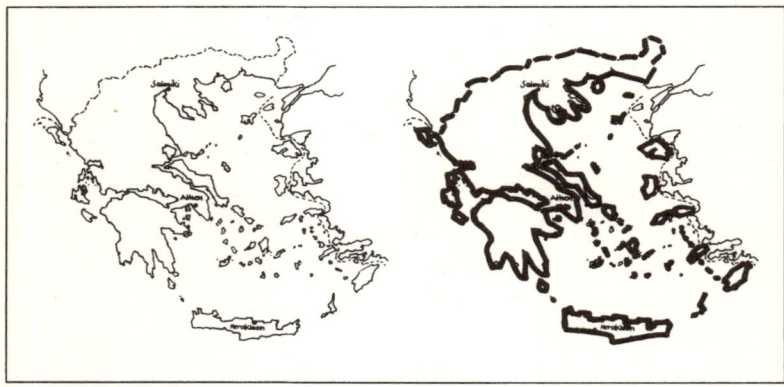

236 Geografische Formen: Iberische Halbinsel

Die Iberische Halbinsel gleich einem rassigen Kopf im Profil. Vor allem auf politischen Karten wird das deutlich; denn die Grenze zwischen Spanien und Portugal unterstreicht diesen Eindruck.

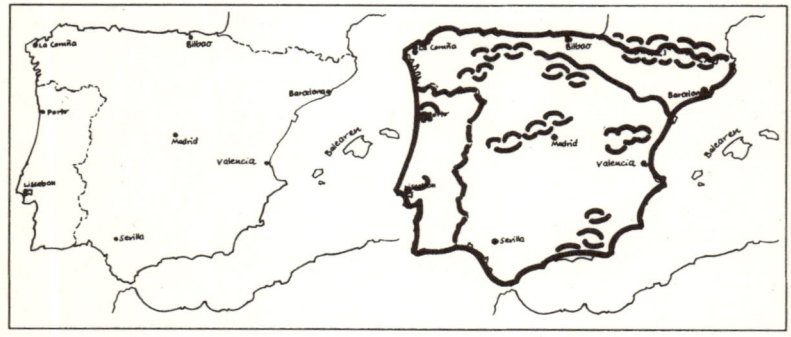

237 Geografische Formen: Irland

Dem englischen Beutelhasen wendet der irische Kleinbär den Rücken
zu.

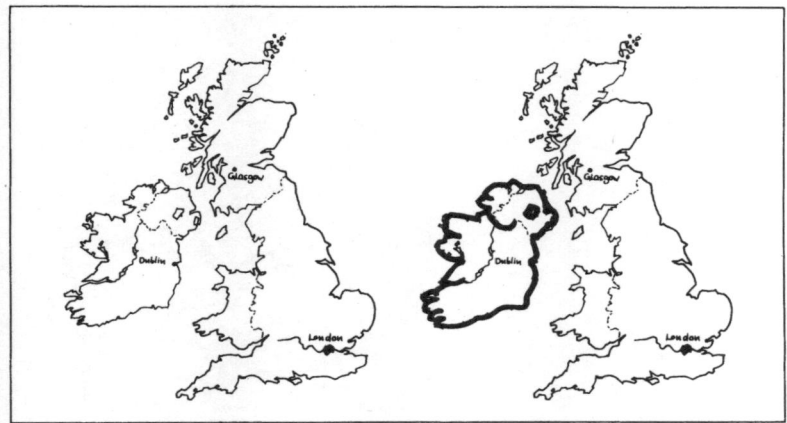

238 Geografische Formen: Italien

Der italienische Stiefel dürfte das markanteste Beispiel für Länderfor-
men sein, die »Sinn« machen. Schön ist auch zu sehen, wie sich dieser
Stulpenstiefel an dem spitzen Stein Sizilien stößt.

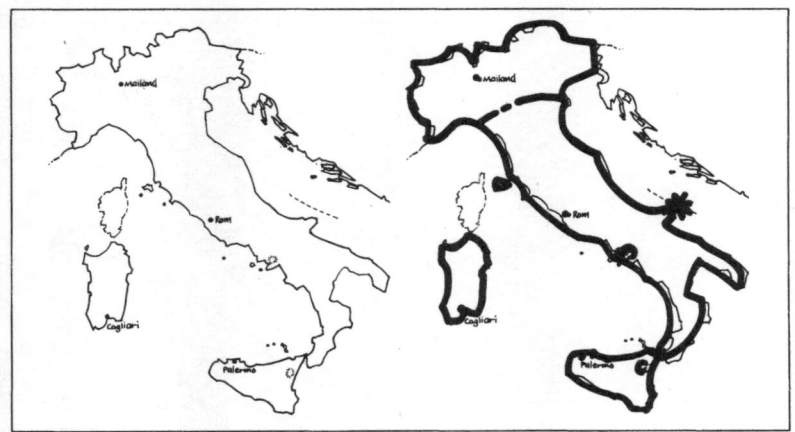

239 Geografische Formen: Österreich

Bei Österreich liegt es nahe, einen Kopf mit Perücke und Mozart-Zopf zu sehen. In diesem Fall passt das dann auch sehr gut zusammen.

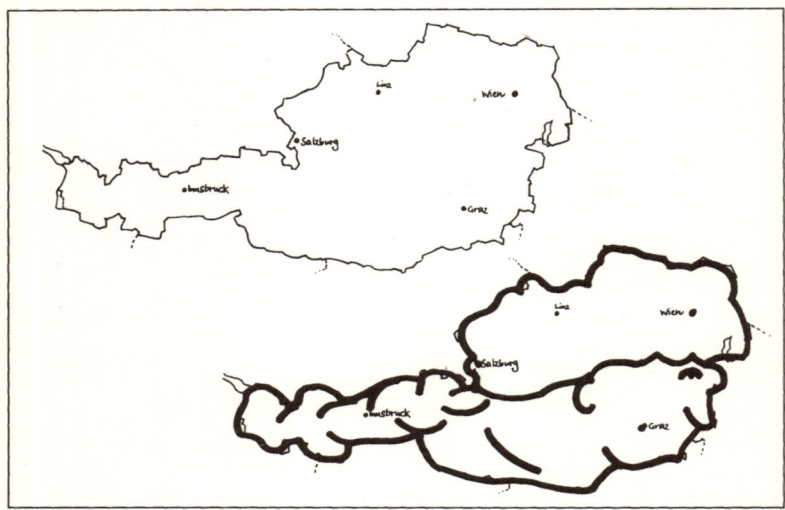

240 Geografische Formen: Ostsee

Die Ostsee gleich einem knienden Mönch, der schlank und etwas bucklig erscheint. Er liest etwas und hat eigentümlicherweise ein Handtäschchen am Handgelenk hängen.

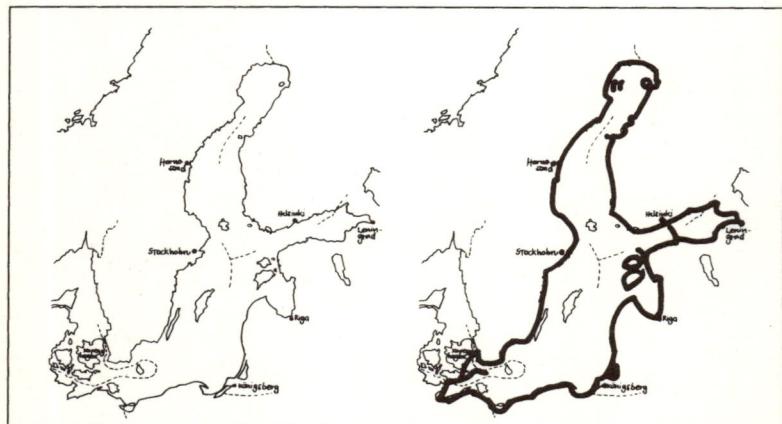

241 Geografische Formen: Schweiz

In Grundzügen ergibt die Schweiz ein Wildschwein, das von links (Westen) nach rechts (Osten) stürmt. Das Auge wird genau durch das Fürstentum Liechtenstein gebildet.

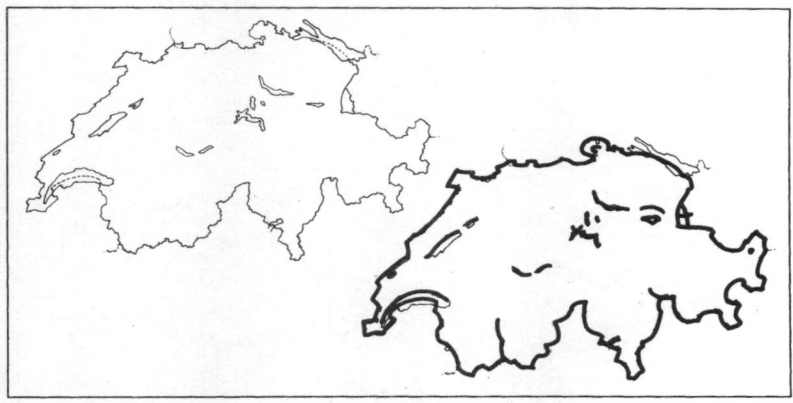

242 Geografische Formen: Skandinavien

Vom Norden her springt ein skandinavisches Raubtier herunter, direkt auf die dänische Zipfelmütze zu. Meist wird es als Löwe gesehen, es könnte aber auch ein Bär sein.

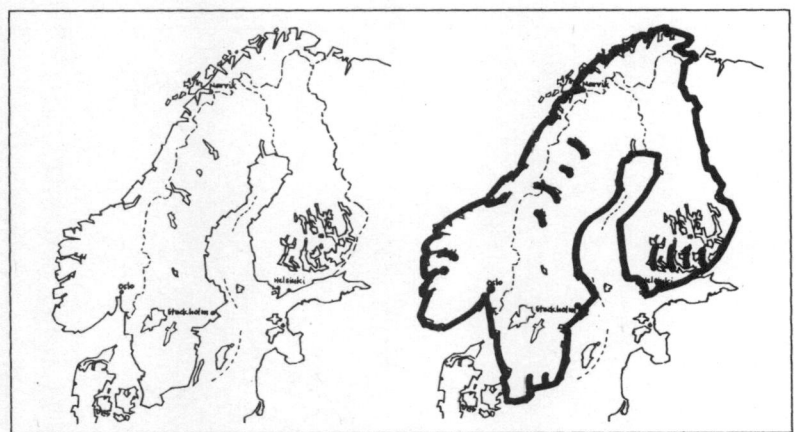

243 Geografische Formen: Weltkarte

Auf der Weltkarte ließen sich viele Formen erkennen und ausdeuten. Angedeutet sind hier lediglich Südamerika als Eistüte, Australien als Wachhund mit Halsband, Indien als Dreieck mit Träne, die USA (ohne Alaska) als Schwein.

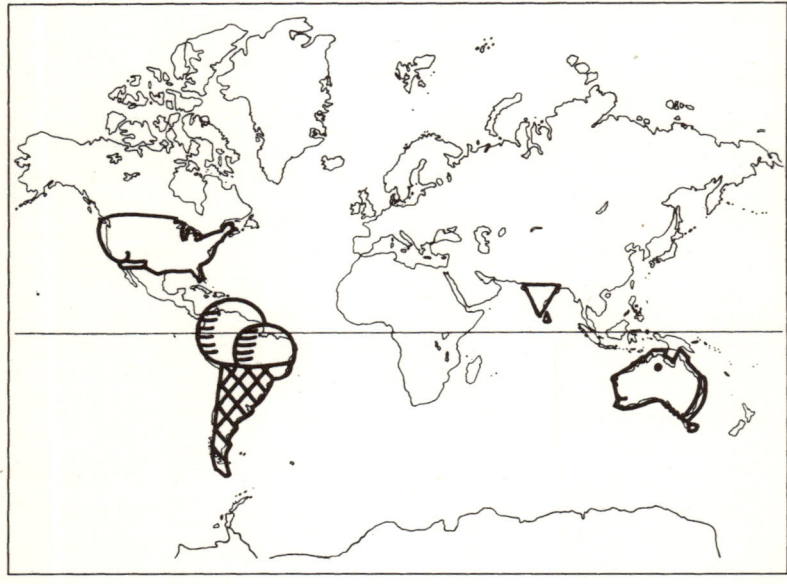

GESCHICHTE

244 Rom, Gründung

Sieben – fünf – drei:
Rom kriecht aus dem Ei!

Um 753 v. Chr. soll Rom gegründet worden sein.

245 Ninive

6 und 1 und 2:
mit Ninive vorbei.

612 v. Chr. wurde Ninive, Hauptstadt des assyrischen Reiches durch die vereinigten Heere der Babylonier und Medeer zerstört.

246 Issos

Drei – drei – drei:
bei Issos Keilerei!

333 v. Chr. schlug Alexander der Große bei Issos (in der heutigen südöstlichen Türkei) den Perserkönig Darius III.

247 Cäsars Ermordung

Iden Märzen vierzig vier
packten Brutus Neid und Gier.

An den Iden des März (Mitte März) 44 v. Chr. wurde Cäsar von Brutus und Cassius ermordet.

Variante:

Iden des März 44:
über Brutus Cäsar irrt sich.

248 Varus / Armin

Armin schlug den Varus richtig
acht vor Christus, das ist wichtig.

249 Karl der Große

Acht – Null – Null:
Karl steigt auf den Stuhl!

Im Jahr 800 wurde Karl der Große
zum Kaiser gekrönt.

250 Schweiz, Gründung

Zwölf – neun – eins:
Gegründet wurd' die Schweiz.

Eine EB, die ein seltsames Verständnis von einem Reim nutzt.

251 Kolumbus

Acht vor fünfzehnhundert:
Kolumbus wird bewundert.

1492 entdeckte Kolumbus Amerika.

Variante:

In fourteen hundred ninety two
Columbus sailed the ocean blue.

252 Armada

Arm' Armada achtundachtzig –
Englands Macht zur See, die macht sich.

1588 wurde die Armada, die spanische Kriegsflotte, in einer See-
schlacht im Kanal von den Engländern vernichtend geschlagen.

253 Französische Revolution

Eins, sieben, acht und neun,
Frankreich kann sich freu'n.

254 Emser Depesche

13 – 7 – 70:
gar mancherlei verschiebt sich!

Am 13. Juli 1870 schickte König Wilhelm von Preußen aus Ems, wo er gerade zur Kur war, die bekannte Depesche an Bismarck, der diese in verschärfter Form veröffentlichte – das ist mit »verschieben« gemeint.

255 Reichskanzler Hitler

Dreißig, eins und dreiunddreißig:
Hin und Hit, o je, das beißt sich!

Am 30. Januar 1933 wurde Hitler (Hit) von Hindenburg (Hin) zum Reichskanzler ernannt.

256 Königshäuser

MEKA SAFRA HO
INVERLU HALO

Abfolge der Königshäuser:

ME	= Merowinger
KA	= Karolinger
SA	= Salier
FRA	= Franken
HO	= (Hohen-)Staufen
IN	= Interregnum
VER	= Verschiedene
LU	= Luxemburger
HA	= Habsburger
LO	= Lothringer

VERMISCHTES

257 Computer: Basic

> Ausdrücke auf der linken
> bringen Verdruss und hinken.

Beim Programmieren mit BASIC kommt es vor allem zu Beginn immer wieder zu Problemen, weil die Anweisung A + B = C (Ausdruck auf der linken Seite vom Komma) eingegeben wird, statt der richtigen Anweisung C = A + B (Ausdruck rechts vom Komma).

258 Wappen von Württemberg

> Hörnle, Weckle, Vögele (oder Fähnele), Fisch:
> Du bisch!

Dies ist ein Abzählvers aus Württemberg, mit dem man sich zugleich das württemberger Wappen merken kann; dieses ist viergeteilt:

drei Hirschstangen
Wecken von Teck
Reichssturmfahne mit Reichsadler
zwei Barben von Mömpelgard

259 Bibel

> In des alten Bundes Schriften merke dir an erster Stell'
> Mose, Josua und Richter, Ruth und zwei von Samuel,
> zwei der Kön'ge, Chronik, Esra, Nehemia, Ester mit
> Hiob, Psalter, dann die Sprüche, Prediger und Hoheslied,
> Jesaja, Jeremia, Hesekiel, Daniel,
> dann Hosea, Joel, Amos, Obadja und Jonas Fehl,
> Micha, welchem Nahum folget, Habakuk, Zephania
> nebst Haggai, Sacharia und zuletzt Malachia.

In dem neuen stehn Matthäus, Markus, Lukas und Johann
nebst den Taten der Apostel unter allen vornean,
dann die Römer, zwei Korinther, Galater und Epheser,
die Philipper und Kolosser, beide Tessalonicher,
dann Timotheus und Titus, Philemon und Petrus zwei,
drei Johannes, die Hebräer, Jakobs, Judas' Brief dabei.

Endlich schließt die Offenbarung das gesamte Bibelbuch.
Mensch, gebrauche, was du liesest,
dir zum Segen, nicht zum Fluch!

Diese recht weitgespannte EB ist so angelegt, dass sie sich singen
lässt. Zur Auswahl stehen dabei folgende Melodien:

a. Deutsche Nationalhymne
b. Guter Mond
c. Auf d'r schwäb'sche Eisebahne.

260 Paulus Briefe

ROKOKO GALEPHPHIKO
THESTHES TIMTIM
TIT und PHIL

Dieser Zweizeiler, der schwerer zu lesen als zu sprechen ist, bringt die
Paulus-Briefe im Neuen Testament in die richtige Reihenfolge, indem
jeweils die ersten zwei bis vier Buchstaben genutzt werden:

RO	= Römerbrief
KO	= 1. Korintherbrief
KO	= 2. Korintherbrief
GAL	= Galaterbrief
EPH	= Epheserbrief
PHI	= Philisterbrief
KO	= Kolosserbrief

THES	= 1. Thessalonicherbrief
THES	= 2. Thessalonicherbrief
TIM	= 1. Timotheusbrief
TIM	= 2. Timotheusbrief
TIT	= Titusbrief
PHIL	= Philemonbrief

261 Evangelien

Zwei M, zwei K,
Jo hinten dra'.

Dies ist eine Möglichkeit, sich die Reihenfolge der vier Evangelien zu merken: Matthäus, Markus, Lukas, Johannes.

Variante 1:
MATMALUJO

Erweiterte Variante 2:
ELSA

Verschlüsselt sind hier die Evangelien über die Bildzeichen der vier Evangelisten:

Engel	= Matthäus
Löwe	= Markus
Stier	= Lukas
Adler	= Johannes

Und von jedem dieser Bildzeichen wird jeweils der Anfangsbuchstabe genutzt.

262 Mond

Der abnehmende Mond hat die Sichel so wie ein kleines »a«, während der zunehmende Mond eine Sichel zeigt, die geformt ist wie ein kleines »z« in Sütterlin- oder Deutscher Schrift.

263 Monate

Wie viele Tage ein Monat hat, lässt sich an den Fingerknöcheln »ab-zählen«. Ragt der Knöchel »hoch«, so wird damit ein Monat mit 31 Tagen angezeigt. Zwischenräume hingegen zeigen einen Monat mit 30 Tagen an bzw. im Fall des Februars mit 28 oder 29 Tagen.

Variante 1:
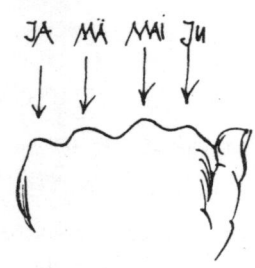
     30 Tage hat November,
     April, Juni und September.

Französische Variante:
     Trente jours ont novembre,
     avril, juin, septembre;
     de vingt-huit il y a un,
     tous les autres ont trente-et-un.

Englische Variante:
     Thirty days has november,
     april, june and september.

264 Wolken

     Cirrus – Stratus – Cumulus

Die grundsätzlichen Bezeichnungen für Wolkenformen sind Cirrus (feine Federwolken), Stratus (dünne Schichtwolken) und Cumulus (rundliche, dichte Haufenwolken). Zur genaueren Bezeichnung werden diese Begriffe kombiniert und um weitere angereichert, etwa Cirro-Cumulus oder Nimbo-Stratus).

265 Wetter

     Wenn die Schwalben tiefer fliegen,
     werden wir bald Regen kriegen.

Es sind eigentlich nicht die Schwalben, die den kommenden Niederschlag anzeigen – die Insekten fliegen tiefer. Und auf der Jagd nach den Insekten zeigen die Schwalben den Regen an.

266 Wirbelstürme

Blitzende hundert Orden –
Talleyrand torkelt ziemlich.

Dieser Zweizeiler ist zusammengebaut aus den Bezeichnungen für die
bekanntesten Wirbelstürme: Blizzard, Hurrikan, Orkan, Taifun, Tor-
nado, Zyklon.

267 Planeten

MEin Vater ERklärt Mir Jeden Sonntag
Unsere NEun PLaneten

Mit den Anfangsbuchstaben dieser Wörter kann man sich die Namen
der neun Planeten merken, und das gleich in der richtigen Reihenfolge
von innen nach außen: Merkur, Venus, Erde, Mars, Jupiter, Saturn,
Uranus, Neptun, Pluto.

Variante:
Man verachte einen Menschen in seinem Unglück nie, Peter!

268 Tierkreiszeichen

WIe STIll ZWIschen KREBS und LÖWEn die JUNGFRAU
WAr.
Doch der SKandalöse SCHÜTZE STEINigte am WASSERfall
FISCHE.

Die groß geschriebenen Buchstaben machen es deutlich: Diese EB
bringt die zwölf Tierkreiszeichen in die richtige Reihenfolge: Widder,
Stier, Zwillinge, Krebs, Löwe, Jungfrau, Waage, Skorpion, Schütze,
Steinbock, Wassermann, Fische.

269 Steak

Prüf Wange, Nase, Kinn!

Um zu erkunden, wie weit ein Steak »durch« ist, vergleicht man es
mit Druckerlebnissen des eigenen Körpers. Ist es so weich wie die

Wange, dann ist es noch blutig; ist es so weich wie die Nasenspitze, dann ist es rosa; ist es hingegen hart wie das Kinn, dann ist es durch und trocken.

270 Zahnarzt

Von 8 bis 8
ist Nacht.

Für diesen Zeitraum gilt der Nachttarif.

Umgang mit Eselsbrücken

Die Ergebnisse der vorangegangenen Ausführungen sollen hier in knapper Form noch einmal zusammengefasst werden, um damit abschließend Hinweise, Hilfestellungen und Reflexionshilfen zum Umgang mit Eselsbrücken zu formulieren.

Kapitel 1 (S. 7) hat in der Auseinandersetzung mit Anekdoten und Beispielen erste Kennzeichen von Eselsbrücken ergeben: Es sind Hilfsmittel, um sich etwas zu merken; auffallend an ihnen ist:

- sie nutzen oft verschlungene Pfade, um Wissen im Gedächtnis zu verankern,
- sie nutzen dabei Formen des freien, fantasievollen Spiels,
- sie erscheinen Außenstehenden deswegen mitunter als undurchschaubar, nicht nachvollziehbar oder gar geheimnisvoll,
- demjenigen, der sich seine Eselsbrücken selbst gebaut hat, leuchten sie sehr wohl ein,
- meist sind sie mit einem gewissen Ausmaß an Redundanz versehen, d. h. sie sind »unnötig« ausführlich.

Kapitel 2 (S. 14) hat die Bedeutungsveränderung des Begriffs »Eselsbrücke« nachzuzeichnen versucht:

- Hilfsmittel für dumme, faule und unfähige Erdenbürger einerseits,
- Einsichten und Verfahren, die erst dem einsichtigen, gescheiten und geschickten Menschen zugänglich sind andererseits.

Man muss sich allerdings in diesem Fall nicht unbedingt für oder gegen eine der zwei Bedeutungen entscheiden, wenn man sich vergegenwärtigt, dass letztlich der Gebrauch, der Umgang mit Eselsbrücken deutliche Unterschiede ausmacht. In diesem Zusammenhang wurde der Unterschied zwischen schlichter Übernahme von Eselsbrücken und dem eigenen Basteln begrifflich gefasst mit »fast food«-Ansatz und »do it yourself«-Ansatz. Im Begriff liegen wohl beide Möglichkeiten angelegt – entscheidend ist, was man wie tut.

Kapitel 3 (S. 19) – Schwerpunkt »do it yourself« – hat dazu beigetragen, den Begriff »Eselsbrücke« weiter zu klären, indem der Unterschied zwischen Merkverfahren und Merkhilfe herausgearbeitet wurde. Deutlich ist auch geworden, dass bei der Verankerung von Wissen mit Hilfs- und Bezugssystemen gearbeitet wird und dass dabei drei unterscheidbare Modi genutzt werden:

– Individuell: Es gibt Verknüpfungsmöglichkeiten, die letztlich nur für den Hersteller einer Eselsbrücke verständlich sind, beispielsweise der Bezug auf eigene Vorlieben oder biografische Details.
– Intersubjektiv: Es gibt Verknüpfungsmöglichkeiten, die man sich gegenseitig sehr wohl ohne großen Erklärungsaufwand verständlich machen kann, beispielsweise das Basteln von Merkwörtern.
– Objektiv: Es gibt Verknüpfungsmöglichkeiten, die sich allgemein bekannter und anerkannter Regeln bedienen, beispielsweise der Regeln von Reim und Rhythmus. Dieser Modus wird auch von »Profis« genutzt, wenn sie sich auf vorgegebene Bezugssysteme mit eigenen Regelwerken beziehen.

Schließlich hat sich gezeigt, wie entscheidend es sein kann, welchen Kanal Eselsbrücken nutzen. Dass zwei Kanäle – Sehen und Hören – fast ausschließlich genutzt werden, lässt fast vergessen, dass es weitere Kanäle gibt, die für den einzelnen motivierender und passender erscheinen: Fühlen, Tasten, Empfinden, Schmecken, Riechen.

Kapitel 4 (S. 48) hat – ohne die vergebliche Anstrengung einer Systematisierung zu unternehmen – an Beispielen die vielfältig genutzten Techniken beim Bau von Eselsbrücken vorgeführt.

Kapitel 5 (S. 138) nun fasst in zehn Punkten wichtige Überlegungen zum Umgang mit Eselsbrücken zusammen:
1. Eselsbrücken sind Hilfsmittel, um sich etwas zu merken. Sie können dazu dienen, sich Fakten einzuprägen. Eselsbrücken, die dabei helfen, Regeln oder Zusammenhänge präsent zu halten, sind die Ausnahme. Mit Eselsbrücken wird immer nur die Frage nach dem WIE beantwortet. Die Frage nach dem WARUM beantwortet sich so nicht,

sie muss jeweils gesondert gestellt und beantwortet werden. Für schulische Zusammenhänge ist die Antwort meist scheinbar problemlos: Es geht um bessere Noten, mehr Punkte, erhöhte Anerkennung; wobei das eher eine Scheinantwort ist, denn es soll ja beispielsweise Lesen und Schreiben gelernt werden. Für außerschulische Zusammenhänge gibt es zumeist keine solch einfache Antwort. Je nach Zusammenhang fällt die Antwort höchst unterschiedlich aus. Zu vermuten ist allerdings, dass einem die Konstruktion oder Übernahme von Eselsbrücken leichter fällt, wenn man eine klare Zielvorstellung hat.

2. Die Frage nach dem Warum zielt immer in zwei Richtungen. Einmal wird nach der Motivation gefragt: Weshalb strenge ich mich an oder soll ich mich anstrengen? Und zum anderen wird nach dem Ziel gefragt: Wieso soll ich oder will ich (gerade) dies oder jenes behalten? Es ist ja durchaus denkbar, dass sich jemand etwas merkt, nur um es zu wissen – beispielsweise das Morse-Alphabet – ohne dass er es unbedingt braucht. Und dieser »Spaß an der Freude« – auch intrinsisch genannt – ist selbstverständlich eine ganz andere Motivation und verfolgt andere Ziele, als wenn jemand das Morse-Alphabet tatsächlich unbedingt aus beruflichen Gründen braucht. Da hört dann der Spaß unter Umständen schnell auf und das Gefühl von Druck oder Zwang macht sich breit – eine Motivation, die dann auch extrinsisch genannt wird. Der gesunde Menschenverstand reicht in diesem Zusammenhang gut aus, um Prognosen über mögliche Erfolge abzugeben: Der intrinsisch motivierte Mensch wird es leichter haben und Schwierigkeiten eher meistern als der extrinsisch motivierte, der sich ja motivieren und zusätzlich etwas merken muss.

3. Nachdem nun einmal ein reicher Bestand an Eselsbrücken vorhanden ist, stellt sich die Frage: übernehmen, verändern oder neu schöpfen? Spontan wird man wohl am ehesten zu dieser Annahme tendieren: Was ich mir selber ausgedacht habe, das behalte ich auch leichter. Das klingt plausibel und spräche für »neu schöpfen«. Man wird allerdings vorsichtig sein müssen; denn die Menschen sind verschieden, und entsprechend verschieden ist ihr Verhältnis zu einer vorliegenden Eselsbrücke. Den einen wird sie durchaus in der vorliegenden Form gefallen und einleuchten – wozu dann noch selber etwas ausdenken? Anderen werden geringe Veränderungen an einer fertigen Eselsbrücke durchaus genügen, um damit etwas anfangen zu können – die gro-

ße Anzahl an Varianten, die sich herausgebildet haben, könnte dafür sprechen. Grundsätzlich dürfte hier, wie auch für die weiteren Punkte, die Regel von der dritten Möglichkeit gelten: Wer nur eine Möglichkeit sieht, hat keine andere Chance als letztlich »zwanghaft« zu handeln. Wer zwei Möglichkeiten sieht, befindet sich in einem Dilemma des Entweder-Oder. Erst wer drei Möglichkeiten erkennt, kann abwägen und sich entscheiden. Das bedeutet konkret: Man weiß um alle drei Möglichkeiten des Umgangs mit Vorlagen Bescheid, und man probiert eine andere, falls man mit der ersten nicht klarkommen sollte. Für Schule und Unterricht heißt das: Wer Merkhilfen anbietet, der darf nicht erwarten, dass diese jedem einleuchten und für jeden eine wirkliche Hilfe sind; und man sollte das Angebot zu Veränderung und Eigenkonstruktion durchaus machen und wahrnehmen.

4. Eselsbrücken bedienen sich unterschiedlicher Techniken, die man kennenlernen, anwenden und variieren kann. Das kann man zum Gegenstand des Interesses machen, und das kann man lernen. Und das kann Spaß machen. Häufig wird eingewandt, man hätte nicht die Zeit, um »sowas« noch zusätzlich zu tun. Dagegen lässt sich einwenden, dass man auf Effekte hoffen darf, die beim Merken hilfreich sind und deshalb in der Folge eben wieder Zeit (und Ärger) ersparen; denn wenn man gelernt hat, wie man sich etwas merkt, dann wird manche unnötige »Übung und Wiederholung« leichter fallen und der beidseitige Ärger über das bekannte »Das müsste eigentlich jetzt endlich sitzen!« kommt hoffentlich nicht so oft hoch. Überdies geht das »Zeitargument« häufig von der zumindest seltsamen Annahme aus, man müsste nur etwas »lernen« und »üben«, schon wäre es im Gedächtnis sicher und abrufbar abgelegt. Lernen, üben und behalten gehören zusammen und werden in höchst unterschiedlichen Formen vollzogen; wer das gewissermaßen dem Zufall überlässt, der hat mit nachfolgenden Problemen und Schwierigkeiten zu rechnen.

5. Eselsbrücken bedienen sich verschiedener Bezugssysteme, die man kennenlernen, sich bewusst machen und nutzen kann. Es verhält sich ähnlich wie mit den Techniken: Wer die Möglichkeiten nicht kennt, kann Chancen zum Merken nicht wahrnehmen. Manche Menschen haben ein positives, gar inniges Verhältnis zu Zahlen. Warum soll man denen nicht die Chance geben, sich per Zahlenakrobatik etwas zu merken, was im Grunde nichts mit Zahlen zu tun hat? Und warum soll

sich nicht jemand, der eine besondere Beziehung zu Buchstaben hat, sein eigenes Merk-Alphabet basteln?

6. Eselsbrücken werden auf verschiedenen Kanälen von ihren Benutzern wahrgenommen, verarbeitet und gesichert. Und die Vorherrschaft von Sehen und Hören darf nicht zu der Fehlannahme verleiten, mit den anderen Kanälen sei nichts anzufangen. Viel einleuchtender erscheint doch da die Vermutung, dass es auf den Versuch ankommt, seinen Kanal zu finden und zu nutzen, so wie man eben einem Linkshänder auch einen Gefallen tut, wenn man ihm eine für ihn geeignete Schere in die Hand drückt; man darf dann durchaus auch besser Ergebnisse erwarten. Da sich diese Kanäle bei der Nutzung gerne überlagern, erscheint die Forderung, eine Vielfalt von Kanälen anzubieten, nicht unvernünftig. Erfahrene Pädagogen wissen ohnehin: Wenn Kinder etwas kennenlernen und das sehen, hören, anfassen, betasten, bauen und malen, dann erreicht man mehr, als wenn man davon nur erzählt. Im Übrigen ist das eine Grundannahme des in letzter Zeit so erfolgreich propagierten »Super-Learning«; auch dort werden verschiedene Kanäle gleichzeitig angesprochen und kombiniert, sei es nun, dass Farbeindrücke und Bewegungsverläufe mit der Anordnung der Tasten einer Schreibmaschine gekoppelt werden oder dass leichte Barock-Musik mit Vokabeln oder Texten kombiniert wird. Das muss keine sichere Methode sein, und vor Verabsolutierung kann man wohl nur warnen; aber es ist ein Feld für Experimente, um Alternativen zum »trocknen« Schul-Lernen und Pauken ausfindig zu machen.

7. Individualisierung heißt der gemeinsame Nenner für die letzten vier Punkte. Damit ist gemeint, dass die besonderen Fähigkeiten, Fertigkeit und Vorlieben des Einzelnen die zentrale Bezugsgröße sind, wenn es um den Umgang mit Eselsbrücken geht, die Wahl von Techniken, Bezugsgrößen und Kanälen. Das Ideal wäre die passgerechte Einzellösung für den Einzelfall, der sich dann verstanden und positiv angesprochen fühlt. Und dass positive Einstellungen und Gefühle beim Lernen, Üben und Behalten einen direkten Einfluss auf den Erfolg haben, das ist ein naheliegender Gedanke. Ebenso klar ist, dass man dieses Ideal anstreben, nicht jedoch immer realisieren kann. Die Richtung ist entscheidend.

8. Wer die Frage stellt, wie man sich etwas leichter merken kann, hat die Frage nach dem Warum noch nicht beantwortet; das wurde mit

dem ersten Punkt angesprochen. Oft ist aber auch die Frage nach dem WAS noch nicht eindeutig geklärt. Und das ist eine ganz entscheidende Frage. Wer lernt oder lehrt, sollte sich darüber im Klaren sein, was genau dabei am Ende herauskommen soll. Sonst ist es unmöglich, eine Merkhilfe zu übernehmen, zu verändern oder sich selbst eine zu basteln. Und es kann durchaus der folgende Fall eintreten: Jemand klärt genau, was er sich merken will, er sucht nach für ihn geeigneten Möglichkeiten, sich das sicher zu merken, und am Ende braucht er keine Merkhilfe mehr. Er hat über diese ausführliche Beschäftigung mit der Frage »Was genau merke ich mir wie?« eine Eselsbrücke überflüssig gemacht. Es gibt Lehrer, die diesen möglichen Effekt nutzen, und zwischendurch keinen Test schreiben, um Lernergebnisse zu überprüfen, sondern die Aufgabe stellen, sich für einen möglichen Test einen geeigneten Spickzettel zu schreiben.

9. Eselsbrücken sind häufig redundant, und wer sich Eselsbrücken selber bastelt, sollte darauf achten, dass auch seine Konstruktionen redundant sind. Es ist eben wie mit Brückenkonstruktionen überhaupt: Man geht auf Nummer Sicher und gibt die Höchstbelastung ein gut Stück geringer an als die tatsächliche Tragfähigkeit der Brücke. Nur so kann man sich einigermaßen sicher sein, dass die Brücke auch extremen Beanspruchungen standhält. Wo bei realen Brücken Gewichte und Wetter eine Rolle spielen, da sind diese Belastungen bei Eselsbrücken beispielsweise die Tagesform, Stress oder zur Verfügung stehende Zeit.

10. Im Punkt 7 deutete es sich bereits an: Ist die Frage nach dem WARUM, dem WAS und dem WIE individuell befriedigend beantwortet, dann erst erfüllt die Eselsbrücke ihren Zweck – sie wird überflüssig, weil sich jemand freigeschwommen hat.

Literaturverzeichnis

Bateson, G.: Ökologie des Geistes. Frankfurt / M. 1981.

Blum, H.: Die antike Mnemotechnik. 1970.

Beyer, G.: Gedächtnisschulung in 12 Lektionen. Bergisch Gladbach 1971.

Beyer, G.: So lernen Schüler leichter. Freude am Lernen durch Gedächtnis- und Konzentrationstraining. Düsseldorf 1976.

Beyer, G.: Gedächtnis- und Konzentrationstraining. München 1977, Neuauflage 1986.

Beyer, G.: Gedächtnistraining. Düsseldorf 1974, München 1977.

Birkenbihl, V. F.: Stroh im Kopf. Gebrauchsanleitung fürs Gehirn. Landsberg / Lech 1988.

Buck, S. (Hrsg.): Bausteine Deutsch. Frankfurt / M. 1983.

Buzan, T.: Kopftraining. München 1984.

Buzan, T.: Nichts vergessen. München 1987.

Ceh, J.: Optimales Lernen. Tips und Kniffe für geistiges Lernen. Landsberg / Lech 1985.

Ceh, J.: Besser denken, besser lernen. Landsberg / Lech 1988.

Dilts, R. / Bandler, R. / Grinder, J. u. a.: Strukturen subjektiver Erfahrung. Paderborn 1985.

Dutschmann, A.: Mein Kind kann sich nicht konzentrieren. Freiburg 1979.

Eichlseder, W.: Unkonzentriert? Hilfen für hyperaktive Kinder und ihre Eltern. München 1985.

Endres, W.: Mit Kniff und Pfiff. Kleine Lernmethode für Schüler ab neun Jahren. Weinheim 1982.

Frenzel, S. / Schütze, c.: Unmögliche Tiere. Bamberg 1977.

Fertig, L.: Zeitgeist und Erziehungskunst. Darmstadt 1984.

Gardner, M.: Logik unterm Galgen. Braunschweig 1980.

Grinder, J. / Bandler, R.: Kommunikation und Veränderung. Paderborn 1984.

Grüner, G.: Einfache Erklärungs-, Einpräge- und Merkhilfen im Berufsschulunterricht. Braunschweig 1967.

Hill, G.: Cartographical Curiosities. London 1978.

Hochkeppel, W.: Denken als Spiel. Stuttgart 1977.

Hofstadter, D. R.: Gödel, Escher, Bach. Ein endlos geflochtenes Band. Stuttgart 1986.

Keller, G.: Lernen will gelernt sein. Ein Lerntraining für Schüler. Heidelberg 1984.

Knehr, E. / Krüger, K.: Konzentrationsübungen bei Kindern. Stuttgart 1976.

Kolb, B. / Nuzari, M.: Konzentrationstraining für Schüler und Studierende. Freising 1985.

Krüss, J.: Mein Urgroßvater und ich. Oldenburg 1961.

Lauster, U.: Konzentrationsspiele (3 Bände). Reutlingen 1978.

Lehrl, S. / Koch, G. / Fischer, B.: Gehirnjogging 3. Basis-Übungshefte 1–3. Wehrheim o. J.

Meirowitz, M. / Jakobs, P. I.: Spielschule des Denkens. Braunschweig 1982.

Meissner, R.: Eselsbrücke. In: Zeitschrift des Vereins für rheinische und westfälische Volkskunde, 14. Jahrgang, 1917, S. 145–149.

Müller, H. J.: Lateinische Schulgrammatik. Leipzig / Berlin 1896 (12. Aufl. 1918).

Popper, K. R. / Eccles, J.: Das Ich und sein Gehirn. Stuttgart 1982.

Röhrich, L.: Lexikon der sprichwörtlichen Redensarten. Freiburg 1973.

Schneider, F.: Trickreich lernen. Eselsbrücken und andere Tips. München 1981.

Solso, R. L.: Cognitive Psychology. New York 1981.

So macht Lernen Spaß. Praktische Lerntips für Schüler. Weinheim 1986.

Strube, G.: Assoziationen. Der Prozess des Erinnerns und die Struktur des Gedächtnisses. Berlin 1986.

Tanner, F.: Der Knoten im Taschentuch. Eine Anleitung zum Konzentrations- und Gedächtnistraining. München 1974.

Ullmann, F. / Bierbaum, G.: Nichts vergessen – mehr behalten. Berlin 1986.

Vater, H.: Konzentrationsspiele für die Kinder der ersten Grundschulklasse. Bonn 1986.

Vester, F.: Denken, Lernen, Vergessen. Stuttgart 1975.

Vester, F.: Aufmerksamkeitstraining in der Schule. Heidelberg 1983.

Weinrebe, H. M. A.: Ein Gedächtnis wie ein Sieb. Eselsbrücken und Erinnerungshilfen. In: Schweizer Schule Nr. 10 / 1987, S. 17 ff.

Weis, H.: Jocosa. München 1942 (4. Auflage).

Weis, H.: Curiosa. München 1942 (3. Auflage).

Werneck, T. / Heidack, C.: Gedächtnistraining. München 1983.

Wiegmann, F.: Gedächtnistraining. Köln 1986.

Wilpert, G. von: Sachwörterbuch der Literatur. Stuttgart 1969 (5. Auflage).

Winkler, H.-J.: Eselsbrücken = Gedächtnisstützen. München 1972.

Zielke, W.: Techniken für ein besseres Gedächtnis. Landsberg 1986.

Zimmer, D. E.: Das Gedächtnis. Im Kopf die ganze Welt. In: ZEIT-Magazin, April 1987.

Stichwortverzeichnis